A Fresh Anointing

Kenneth E. Hagin

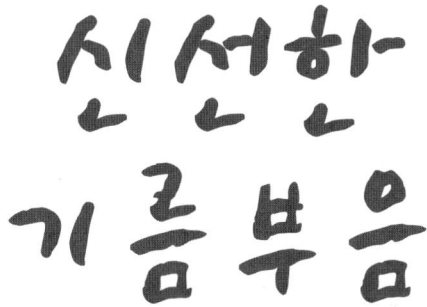

신선한 기름부음

케네스 해긴 지음 | 김진호 옮김

믿음의 말씀사

A Fresh Anointing
by Kenneth E. Hagin

ⓒ 1989 RHEMA Bible Church
AKA Kenneth Hagin Ministries, Inc.
P. O. Box 50126 Tulsa, OK 74150-0126 U.S.A.
All Rights Reserved.

2005 / Korean by Word of Faith Company, Korea.
Translated and published by permission
Printed in Korea.

신선한 기름부음

1판 1쇄 발행일 · 2005년 10월 1일
1판 4쇄 발행일 · 2011년 12월 28일

지 은 이   케네스 해긴
옮 긴 이   김 진 호
발 행 인   최 순 애
펴 낸 곳   믿음의 말씀사
주   소   446-855 경기도 용인시 기흥구 신정로 301번길 59
전화번호   TEL 031)8005-5483/5493 FAX 031)8005-5485
홈페이지   http://faithbook.kr
출판등록   제68호 (등록일 2000. 8. 14)

ISBN 89-90836-25-5 03230
값 7,000원

본 저작물의 한국어판 저작권은 케네스 해긴 목사님을 통해 FAITH LIBRARY와의 독점 협약으로 '믿음의 말씀사'가 소유합니다. 저작권법에 의해 한국 내에서 보호를 받는 저작물이므로 무단 전재와 복제를 금합니다.

믿음의 방패 마크는 미국 특허청에 등록된 RHEMA Bible Church, AKA Kenneth Hagin Ministries, Inc.의 마크이므로 복제하여 사용할 수 없습니다. (The Faith Shield is a trademark of RHEMA Bible Church, AKA Kenneth Hagin Ministries, Inc., registered with the U.S. Patent and Trademark Office and therefore may not be duplicated.)

목 차

저자 서문 ·· 6

제1장 구약 성경의 기름부음 ································· 9

제2장 신약 성경의 기름부음 ······························· 17

제3장 신약의 왕과 제사장 ···································· 33

제4장 터진 웅덩이 혹은 가득찬 저수지? ············ 47

제5장 신약의 모형 ··· 59

제6장 신선한 기름부음을 받은 자들의 특성 ······ 75

제7장 역경에서 빛을 유지하기 ····························· 91

제8장 신선한 기름부음을 받은 자들의 두 번째 특성 ······ 99

제9장 신선한 기름부음을 받은 자들의 세 번째 특성 ······ 111

제10장 신선한 기름부음을 알아볼 수 있다 ············ 135

제11장 말씀과 성령으로 충만하기 ·························· 151

저자 서문

지금 그리스도의 몸에는 하나님의 말씀과 하나님의 영으로 충만함을 받는 것보다 더 중요한 것은 없습니다. 사람이 만든 계획과 공식들을 따르던 시대는 아주 오래 전에 지나갔습니다. 하나님의 말씀을 심령에 품고 하나님의 기름부음이 우리의 삶에 있어야 우리가 하는 모든 일이 형통하게 될 것입니다. 우리는 하나님의 임재 안에 머물면서 교회의 머리이신 그리스도께서 무슨 생각을 하고 있는지 알고 그대로 행해야만 합니다. 하나님은 원하시는 것을 자기 백성들에게 숨기지 않고 하나님의 신약 성경에 다 펼쳐 보여주셨습니다. 신약 성경에 있는 하나님의 계획을 따르고 하나님의 영으로 충만하여 넘치는 것만이 이 마지막 날에 있을 부흥에 참여하고 예수님께 영광을 돌리며 그분의 이름을 높일 수 있도록 우리를 구비하는 것입니다. 뿐만 아니라 우리가 교회를 향한 하나님의 신약성경의 계획을 따른다면 모든 믿는 사람은 그리스도의 몸 안에서 자기의 위치를 차지하고 역할을 수행할 수 있을 것입니다. 그렇지만 믿는 사람들이 이렇게 되기 위해서는 각 사람이 신선한 기름부음을 체험하는 것이 필수적입니다. 우리는 하나님의 영으로 지속적으로 충만함을 받음으로써 이 마지막 날에 하나님의 뜻을 우리의 삶 가운데 이루는 데 강력하게 쓰임 받게 될 것입니다. 하나님께서는 외적인 환경과는 관계없이 자기 백성들이 그분의 영으로 항상 충만함을 받을 수 있도록 풍성하게 공급해 주셔서 우리가 그분의 영광을 위해 살 수 있도록 해 놓으셨습니다!

제 1 장
구약 성경의 기름부음
(The Anointing in the Old Testament)

시 92:1-15

1-3 지존자여 십현금과 비파와 수금으로 여호와께 감사하며 주의 이름을 찬양하고 아침마다 주의 인자하심을 알리며 밤마다 주의 성실하심을 베풂이 좋으니이다

4 여호와여 주께서 행하신 일로 나를 기쁘게 하셨으니 주의 손이 행하신 일로 말미암아 내가 높이 외치리이다

5 여호와여 주께서 행하신 일이 어찌 그리 크신지요 주의 생각이 매우 깊으시니이다

6 어리석은 자도 알지 못하며 무지한 자도 이를 깨닫지 못하나이다

7 악인들은 풀 같이 자라고 악을 행하는 자들은 다 흥왕할지라도 영원히 멸망하리이다

8 여호와여 주는 영원토록 지존하시니이다

9 여호와여 주의 원수들은 패망하리이다 정녕 주의 원수들은 패망하리니 죄악을 행하는 자들은 다 흩어지리이다

10 그러나 주께서 내 뿔을 들소의 뿔 같이 높이셨으며 내게 신선한 기름을 부으셨나이다

11 내 원수들이 보응 받는 것을 내 눈으로 보며 일어나 나를 치는 행악자들이 보응 받는 것을 내 귀로 들었도다

12 의인은 종려나무 같이 번성하며 레바논의 백향목 같이 성장하리로다
13 이는 여호와의 집에 심겼음이여 우리 하나님의 뜰 안에서 번성하리로다
14 그는 늙어도 여전히 결실하며 진액이 풍족하고 빛이 청청하니
15 여호와의 정직하심과 나의 바위 되심과 그에게는 불의가 없음이 선포되리로다

이 시편은 전체가 하나님의 선하심에 대하여 하나님께 찬양을 드리는 시입니다. "가장 높으신 하나님, 주님께 감사드리며, 주님 이름을 노래하는 것이 좋습니다"(표준개정)라고 시작하고 있습니다.

특별히 10절 끝 부분을 보십시오. "신선한 기름을 부어 새롭게 하셨습니다." 하나님의 선하심으로 인하여 하나님을 찬양하는 가운데 시인은 이렇게 말했습니다. "나는 신선한 기름으로 기름부음을 받을 것입니다(I shall be anointed with fresh oil)."

성경이 기록되었던 시대, 특히 구약 성경 시대에 살던 사람들은 선지자, 제사장, 왕과 같은 신성한 직분을 위해서 기름을 부음으로 그 사람을 구별하여 직분에 헌신토록 했습니다. 기름은 성령님의 상징입니다. 기름부음은 성령님께서 남자나 여자에게 임하심으로 그들로 하여금 특별한 직분을 감당할 수 있도록 기름 부어 주시는 것의 상징인 것입니다.

거룩한 기름부음을 위한 기름

성경에서 기름을 붓는다고 할 때 그것은 특정한 사람이나 물건을 어떤 거룩한 목적을 위해서 성스럽게 구별하기 위해 구약 성경에서 사용하던 여러 가지 향과 재료들과 함께 실제 올리브 기름을 일컫는 것이었습니다. 앞으로 살펴보겠지만 사람이 어떤 특별한 직분을 맡게 되거나 하나님을 특별히 섬기기 위해서 기름부음을 받게 되는 것입니다. 사람뿐 아니라 어떤 대상이나 물건도, 예를 들자면, 성막과 성막의 기구들도 기름을 발랐습니다(출 40:9-15). 기름 붓는데 쓰는 기름은 거룩한 기름이었으며 이 기름은 주님께서 계획하신 거룩한 목적을 위해서 따로 구별하고 헌신하는 데 사용되었습니다.

출 30:22-25, 31-33
22 여호와께서 모세에게 또 말씀하여 이르시되
23 너는 상등 향품을 가지되 액체 몰약 오백 세겔과 그 반수의 향기로운 육계 이백오십 세겔과 향기로운 창포 이백오십 세겔과
24 계피 오백 세겔을 성소의 세겔로 하고 감람 기름 한 힌을 가지고
25 그것으로 거룩한 관유를 만들되 향을 제조하는 법대로 향기름을 만들지니 그것이 거룩한 관유가 될지라
31 이스라엘 자손에게 말하여 이르기를 이것은 너희 대대로 내게 거룩한 관유니
32 사람의 몸에 붓지 말며 이 방법대로 이와 같은 것을 만들지 말라 이는 거룩하니 너희는 거룩히 여기라

33 이와 같은 것을 만드는 모든 자와 이것을 타인에게 붓는 모든
자는 그 백성 중에서 끊어지리라 하라

기름 붓는데 사용되는 기름은 하나님의 영의 상징이었기 때문에 거룩했습니다. 기름을 붓고 나면 하나님의 영이 그 하나님의 사람에게 임해서 그 날부터 그가 땅 위에서 하나님의 계획을 수행하고 그의 직분을 완수하도록 그에게 기름부음이 있게 되었습니다.

구약 시대에는 사람들이 거듭나지 않았었기 때문에 성령님이 그들 안에 거하실 수 없었으며 그들에게 기름을 부어 직분을 감당할 수 있도록 하기 위해 그들 위에 임하게 된 것 뿐임을 기억하십시오. 그러나 새 언약 아래서 성령님은 믿는 사람들 속에(inside) 사시며(요 14:16, 17), 성도들을 섬길 수 있도록 구비시키기 위하여 오중사역의 은사적 직분을 가진 사람들 위에(upon) 임하십니다(엡 4:11, 12).

이제 공부해 나가면서 믿는 사람들의 삶 가운데 있는 기름부음에 관하여 좀 더 알아보도록 하겠습니다.

선지자 직분을 위한 기름부음

아래 성경 말씀에서 우리는 기름부음을 위한 기름이 엘리사가 선지자의 직분을 감당하도록 기름 붓는데 사용되었음을 알 수 있습니다. 이 구절은 또한 왕의 직분을 위해서 기름

을 붓는 것도 언급하고 있기도 하지만 우리의 목적을 위해서는 선지자 직분을 위해 기름 붓는 것에만 특별한 관심을 갖도록 하겠습니다.

> 왕상 19:15, 16, 19-21
> 15 여호와께서 그에게 이르시되 너는 네 길을 돌이켜 광야를 통하여 다메섹에 가서 이르거든 하사엘에게 기름을 부어 아람의 왕이 되게 하고
> 16 너는 또 님시의 아들 예후에게 기름을 부어 이스라엘의 왕이 되게 하고 또 아벨므홀라 사밧의 아들 엘리사에게 기름을 부어 너를 대신하여 선지자가 되게 하라
> 19 엘리야가 거기서 떠나 사밧의 아들 엘리사를 만나니 그가 열두 겨릿소를 앞세우고 밭을 가는데 자기는 열두째 겨릿소와 함께 있더라 엘리야가 그리로 건너가서 겉옷을 그의 위에 던졌더니
> 20 그가 소를 버리고 엘리야에게로 달려가서 이르되 청하건대 나를 내 부모와 입맞추게 하소서 그리한 후에 내가 당신을 따르리이다 엘리야가 그에게 이르되 돌아가라 내가 네게 어떻게 행하였느냐 하니라
> 21 엘리사가 그를 떠나 돌아가서 한 겨릿소를 가져다가 잡고 소의 기구를 불살라 그 고기를 삶아 백성에게 주어 먹게 하고 일어나 엘리야를 따르며 수종 들었더라

시편 105편 15절에서 성경은 하나님의 선지자들이 기름부음을 받았다고 선언하고 있습니다. "내가 기름 부어 세운 사람에게 손을 대지 말며, 나의 예언자들을 해치지 말아라." 하나님은 자기의 선지자들을 자신의 기름부음 받은 자라고 부르십

니다. 구약에 나오는 선지자들은 자신의 특별한 직분을 맡아 수행할 수 있도록 하나님의 영으로 기름부음을 받았습니다.

제사장 직분을 위한 기름부음

성경은 또한 제사장의 직분자를 세우고 사람을 구비시키기 위해 기름으로 붓는 것에 관해서 말하고 있습니다.

> 출 29:4-7
> 4 너는 아론과 그의 아들들을 회막 문으로 데려다가 물로 씻기고
> 5 의복을 가져다가 아론에게 속옷과 에봇 받침 겉옷과 에봇을 입히고 흉패를 달고 에봇에 정교하게 짠 띠를 띠게 하고
> 6 그의 머리에 관을 씌우고 그 위에 거룩한 패를 더하고
> 7 관유를 가져다가 그의 머리에 부어 바르고

> 출 30:30
> 너는 아론과 그의 아들들에게 기름을 발라 그들을 거룩하게 하고 그들이 내게 제사장 직분을 행하게 하고

왕의 직분을 위한 기름부음

사무엘상 16장에서 우리는 왕의 직분을 위해 사람을 세워 일할 수 있도록 기름부음을 받는 하나님의 사람의 예를 봅니다.

삼상 16:1-8, 10-13

1 여호와께서 사무엘에게 이르시되 내가 이미 사울을 버려 이스라엘 왕이 되지 못하게 하였거늘 네가 그를 위하여 언제까지 슬퍼하겠느냐 너는 뿔에 기름을 채워 가지고 가라 내가 너를 베들레헴 사람 이새에게로 보내리니 이는 내가 그의 아들 중에서 한 왕을 보았느니라 하시는지라

2 사무엘이 이르되 내가 어찌 갈 수 있으리이까 사울이 들으면 나를 죽이리이다 하니 여호와께서 이르시되 너는 암송아지를 끌고 가서 말하기를 내가 여호와께 제사를 드리러 왔다 하고

3 이새를 제사에 청하라 내가 네게 행할 일을 가르치리니 내가 네게 알게 하는 자에게 나를 위하여 기름을 부을지니라

4 사무엘이 여호와의 말씀대로 행하여 베들레헴에 이르매 성읍 장로들이 떨며 그를 영접하여 이르되 평강을 위하여 오시나이까

5 이르되 평강을 위함이니라 내가 여호와께 제사하러 왔으니 스스로 성결하게 하고 와서 나와 함께 제사하자 하고 이새와 그의 아들들을 성결하게 하고 제사에 청하니라

6 그들이 오매 사무엘이 엘리압을 보고 마음에 이르기를 여호와의 기름 부으실 자가 과연 주님 앞에 있도다 하였더니

7 여호와께서 사무엘에게 이르시되 그의 용모와 키를 보지 말라 내가 이미 그를 버렸노라 내가 보는 것은 사람과 같지 아니하니 사람은 외모를 보거니와 나 여호와는 중심을 보느니라 하시더라

8 이새가 아비나답을 불러 사무엘 앞을 지나가게 하매 사무엘이 이르되 이도 여호와께서 택하지 아니하셨느니라 하니

10 이새가 그의 아들 일곱을 다 사무엘 앞으로 지나가게 하나 사무엘이 이새에게 이르되 여호와께서 이들을 택하지 아니하셨느니라 하고

11 또 사무엘이 이새에게 이르되 네 아들들이 다 여기 있느냐 이새가 이르되 아직 막내가 남았는데 그는 양을 지키나이다 사무엘

이 이새에게 이르되 사람을 보내어 그를 데려오라 그가 여기 오기까지는 우리가 식사 자리에 앉지 아니하겠노라
12 이에 사람을 보내어 그를 데려오매 그의 빛이 붉고 눈이 빼어나고 얼굴이 아름답더라 여호와께서 이르시되 이가 그니 일어나 기름을 부으라 하시는지라
13 사무엘이 기름 뿔병을 가져다가 그의 형제 중에서 그에게 부었더니 이 날 이후로 다윗이 여호와의 영에게 크게 감동되니라 사무엘이 떠나서 라마로 가니라

시편에서 하나님께서 다윗 왕에 관하여 하신 말씀을 주의해 보십시오. "나는 내 종 다윗을 찾아서, 내 거룩한 기름을 부어 주었다"(시 89:20). 하나님이 부르신 직분을 감당할 수 있게 하는 것이 하나님의 기름부음입니다. 뿐만 아니라 우리는 다윗을 통해서 기름부음을 받은 후 주님의 영이 그날 이후로 그의 위에 임하여 그가 그 직분을 감당할 수 있도록 하는 것을 볼 수 있습니다(삼상 16:13).

제 2 장

신약 성경의 기름부음
(The Anointing in the New Testament)

신약 성경의 기름부음에 대한 이해를 돕기 위해서는 권능(power), 영(Spirit), 성령(Holy Ghost, Holy Spirit), 기름부음(Anointing)과 같은 단어들이 동의어라는 것을 알 필요가 있습니다. 성경 구절을 읽을 때 이 단어에 특별히 유의하십시오.

예수님 위에 임한 기름부음

먼저 예수님의 삶에 있었던 기름부음에 관하여 살펴봅시다. 성경이 분명하게 나타내고 있기 때문에 우리는 예수님께서 성령으로 태어나셨다는 것을 알고 있습니다. 주의 천사가 마리아에게 나타나서 그녀가 아들을 낳을 것과 그의 이름이 예수라고 불릴 것을 말해 주었습니다(눅 1:31). 자연적인 생각으로 그녀는 "나는 남자를 알지 못하는데, 어떻게 이런 일이 있겠습니까?"라고 말했습니다. 그러나 천사는 성령이 그녀에게 임하고 하나님의 능력이 그녀를 덮게 될 것이라고 말해 주었습니다.

> 눅 1:35
> 천사가 대답하여 이르되 성령이 네게 임하시고 지극히 높으신 이의 능력이 너를 덮으시리니 이러므로 나실 바 거룩한 이는 하나님의 아들이라 일컬어지리라

예수님께서 이 세상에 태어나신 것도 성령님의 역사이듯이 믿는 자가 하나님의 가족으로 탄생하는 것, 즉 새로운 탄생도 성령님의 역사를 통해서 이루어집니다.

누가복음 3장에서 우리는 예수님이 출생하신지 30년 후에 예수님께서 성령으로 기름부음 받으셨던 것을 알 수 있습니다. 예수님은 위로부터 능력을 덧입게 되었습니다. 다른 말로 하면, 그분은 이 땅 위에서 자신의 사역을 수행하도록 성령으로 기름부음을 받았습니다.

> 눅 3:21, 22
> 21 백성이 다 세례를 받을 새 예수도 세례를 받으시고 기도하실 때에 하늘이 열리며
> 22 성령이 비둘기 같은 형체로 그의 위에 강림하시더니 하늘로부터 소리가 나기를 너는 내 사랑하는 아들이라 내가 너를 기뻐하노라 하시니라

새로운 탄생을 인하여 하나님께 감사합니다. 그러므로 믿는 사람들 역시 예수님께서 그러셨던 것처럼 사역을 위해서는 하

늘로부터 기름부음을 받을 필요가 있습니다. 믿는 사람들은 언제 사역을 위해서 기름부음을 받을까요? 예수님께서는 사도행전 1장 8절에서 "오직 성령이 너희에게 임하시면 너희가 권능을 받고 예루살렘과 유대와 사마리아와 땅 끝까지 이르러 내 증인이 되리라"고 말씀하셨습니다. 그 후에 사도행전 2장에 보면 성령이 제자들 위에 내렸을 때 그들이 제일 먼저 한 일은 나가서 예수님을 증거한 것이었습니다. 성령세례는 사역을 위해서 믿는 사람에게 기름을 붓는 것입니다.

누가복음 3장 21, 22절에서도 우리는 성령이 예수님 위에 임하시자 예수님께서 위로부터 기름부음 받았던 것을 볼 수 있습니다.

권능, 영, 성령, 기름부음이란 말은 모두 동의어라는 것을 기억하십시오. 우리는 이런 예를 누가복음 4장 14절에서 볼 수 있습니다. 예수님께서 요단강에서 성령의 기름부음을 받은 후에 성경은 "예수께서 성령의 능력으로 갈릴리에 돌아가시니 그 소문이 사방에 퍼졌다"(눅 4:14)고 말하고 있습니다.

성령의 기름부음을 받은 즉시 예수님은 기름부음을 받으셨기 때문에 성령의 능력 안에서 갈릴리로 돌아가셨습니다. 예수님은 자신의 고향인 나사렛으로 돌아가셔서 자신이 주님의 영으로 기름부음 받았다고 선포하셨습니다. 예수님은 "주님의 영이 내게 내리셨다. 왜냐하면 주님께서 내게 기름을 부으셔서…"(눅 4:18)라고 말씀하셨습니다.

이 구절 전체를 한 번 살펴봅시다.

눅 4:14-21
14 예수께서 성령의 능력으로 갈릴리에 돌아가시니 그 소문이 사방에 퍼졌고
15 친히 그 여러 회당에서 가르치시매 뭇 사람에게 칭송을 받으시더라
16 예수께서 그 자라나신 곳 나사렛에 이르사 안식일에 늘 하시던 대로 회당에 들어가사 성경을 읽으려고 서시매
17 선지자 이사야의 글을 드리거늘 책을 펴서 이렇게 기록된 데를 찾으시니 곧
18 주의 성령이 내게 임하셨으니 이는 가난한 자에게 복음을 전하게 하시려고 내게 기름을 부으시고 나를 보내사 포로 된 자에게 자유를, 눈 먼 자에게 다시 보게 함을 전파하며 눌린 자를 자유롭게 하고
19 주의 은혜의 해를 전파하게 하려 하심이라 하였더라
20 책을 덮어 그 맡은 자에게 주시고 앉으시니 회당에 있는 자들이 다 주목하여 보더라
21 이에 예수께서 그들에게 말씀하시되 이 글이 오늘 너희 귀에 응하였느니라 하시니

물론 우리는 주님의 영이 성령이란 것을 알고 있습니다. 성령이 예수님 위에 내려오신 후 예수님은 위로부터 기름부음을 받았으며 성령의 능력을 가지고 갈릴리로 돌아가셨습니다. 즉, 성령이 그분의 지상 사역을 수행할 수 있도록 그분에게 기름을 붓기 위하여 그분 위에 내려 오셨던 것입니다. 성령이 예수님 위에 임하신 후에야 예수님께서는 자신이 기름부음 받았다고 선언하기 시작했던 것을 주목하십시오(18절).

예수님의 삶 가운데서 기름부음에 관한 다른 곳을 살펴봅시다. 신약 성경에서 예수님은 성령을 제한 없이 가지셨기 때문에 선지자의 직분뿐만 아니라 에베소서 4장 11절에 기록된 오중사역의 다른 모든 직분을 위해서도 기름부음을 받으신 것을 우리는 알 수 있습니다.

> 엡 4:11, 12
> 11 그가 어떤 사람은 사도로, 어떤 사람은 선지자로, 어떤 사람은 복음 전하는 자로, 어떤 사람은 목사와 교사로 삼으셨으니
> 12 이는 성도를 온전하게 하여 봉사의 일을 하게 하며 그리스도의 몸을 세우려 하심이라

> 요 3:34
> 하나님이 보내신 이는 하나님의 말씀을 하나니 이는 하나님이 성령을 한량 없이 주심이니라

예수님께서 이 세상에 계실 때 수행하셨던 여러 가지 직분을 살펴봅시다.

사도이신 예수님

예수님은 사도의 직분을 수행하셨습니다. '사도(apostle)'란 말은 '보냄 받은 자'라는 헬라어 '아포스톨로스(apostolos)'로부터 나온 말입니다. 물론 예수님은 보냄을 받은 사람들의 명단 중에서 제일 첫 번째이십니다. 히브리서 3장 1절은 "우리가

고백하는 신앙의 사도요, 대제사장이신 예수를 깊이 생각하라"고 말하고 있습니다.

선지자이신 예수님

예수님께서는 자신을 선지자라고 부르셨기 때문에 우리는 예수님께서 선지자의 직분을 수행하셨다는 것을 알고 있습니다. "선지자는 자기 고향과 자기 친척과 자기 집 밖에서는, 존경을 받지 않는 법이 없다"(막 6:4)라고 말씀하셨을 때 예수님은 자신을 일컬어 말씀하고 계셨습니다.

복음 전도자이신 예수님

예수님은 자신에 관해서 "주님의 영이 내게 내리셨다. 주님께서 내게 기름을 부으셔서, 가난한 사람에게 기쁜 소식을 전하게 하셨다"(눅 4:18)라고 말씀하셨기 때문에 예수님은 복음전도자의 직분을 수행하셨습니다. 복음의 메시지를 전하는 것은 복음 전도자들의 주된 일이며 주님은 복음 전하시는 것에 전문가이셨습니다.

목사이신 예수님

예수님은 목사의 직분도 수행하셨습니다. '목자(shepherd)'라고 번역된 헬라어는 '목사(pastor)'라고도 번역할 수 있습니다. 주님은 자신에 관하여 이렇게 선언하셨습니다. "나는 선한 목자이다. 선한 목자는 양들을 위하여 자기 목숨을 버린다" (요 10:11). 주님은 정말 그렇게 하셨습니다. 그렇지 않습니까? 주님은 양을 위해서 자기 생명을 주셨습니다.

교사이신 예수님

예수님께서는 하나님의 말씀을 계속해서 가르치셨다는 사실을 언급하시고 있기 때문에 예수님은 교사로서 사역을 하셨습니다. 실제로 당신이 사복음서를 주의 깊게 읽으면서 '가르치다' 혹은 '가르쳤다'라는 단어에 밑줄을 그어 본다면 예수님의 가르치는 사역은 그분이 수행하셨던 다른 어떤 사역의 은사보다도 더 많이 언급된 것을 발견하게 될 것입니다.

예수님께서 가르치시던 사역을 우리에게 보여주고 있는 성경 구절들을 몇 개 살펴봅시다.

눅 4:14, 15
14 예수께서 성령의 능력으로 갈릴리에 돌아가시니 그 소문이 사방에 퍼졌고
15 친히 그 여러 회당에서 가르치시매 뭇 사람에게 칭송을 받으시더라

마 7:28, 29
28 예수께서 이 말씀을 마치시매 무리들이 그의 가르치심에 놀라니
29 이는 그 가르치시는 것이 권위 있는 자와 같고 그들의 서기관들과 같지 아니함일러라

믿는 사람 위에 임한 기름부음

오늘날 우리는 새로운 언약의 시대에 살고 있습니다. 이 말은 우리가 지금 성령의 시대에 살고 있다는 말입니다. 지금까지 말한 바와 같이 성령은 구약 성경에서 자신을 나타내셨지만 모든 사람들에게 나타내지는 않았습니다. 모든 사람이 성령의 기름부음을 가졌던 것이 아닙니다. 소위 우리가 "평신도"라고 부르는 사람들은 하나님의 영을 전혀 갖지 못했습니다. 구약 성경에서 보는 바와 같이 어떤 직분을 수행하도록 하나님으로부터 특별히 선택된 사람들만이 하나님의 영으로 기름부음을 받았습니다.

믿는 사람들의 삶에서 성령의 이중적인 역사

신약 성경에서 믿는 사람들의 삶에서는 성령이 하시는 이중적 역할이 있다는 것을 우리는 이해할 필요가 있습니다. 성령은 믿는 사람들 안에 살고 계십니다. 또한 성령은 믿는 사람들이 사역을 할 수 있도록 구비시키는 오중사역의 직분을 수행할 사람들 위에 임하십니다.

안에 계신 성령(The Holy Spirit Within)

요 14:16, 17
16 내가 아버지께 구하겠으니 그가 또 다른 보혜사를 너희에게 주사 영원토록 너희와 함께 있게 하리니

17 그는 진리의 영이라 세상은 능히 그를 받지 못하나니 이는 그를 보지도 못하고 알지도 못함이라 그러나 너희는 그를 아나니 그는 너희와 함께 거하심이요 또 너희 속에 계시겠음이라

또한 신약 성경에는 모든 믿는 사람들과 마찬가지로 하나님이 사역을 위해서 부르신 자들에게는 그들 안에 기름부음을 가지고 있었을 뿐만 아니라 기름부음이 그들 위에도 (upon) 임했던 것입니다.

위에 임한 성령(The Holy Spirit Upon)

엡 4:11, 12
11 그가 어떤 사람은 사도로, 어떤 사람은 선지자로, 어떤 사람은 복음 전하는 자로, 어떤 사람은 목사와 교사로 삼으셨으니
12 이는 성도를 온전하게 하여 봉사의 일을 하게 하며 그리스도의 몸을 세우려 하심이라

다른 말로 하면, 어떤 사람들은 사도, 선지자, 복음 전하는 자, 목사나 교사 같은 특정한 직분을 수행하도록 특별히 기름부음을 받았다는 것입니다. 이것은 하나님께서 어떤 사람을 불러서 그에게 특정한 일을 맡기시고자 할 때 그 사람이 그 일을 감당할 수 있도록 하나님께서 그 사람에게 기름을 부었다는 것입니다. 기름을 부어주시는 하나님께 감사합시다! 하나님께서는 믿는 사람들이 그들의 삶을 통해 어떠한

부르심을 받았든지 그것을 감당할 수 있도록 기름을 부어 주실 것입니다.

믿는 모든 사람들 가운데 있는 기름부으심으로 돌아가서 그 자취를 살펴봅시다. 물론 사람이 하나님의 영에 의해 거듭날 때 그는 기름부음을 처음으로 접하게 됩니다.

> 요 3:5-8
> 5 예수께서 대답하시되 진실로 진실로 네게 이르노니 사람이 물과 성령으로 나지 아니하면 하나님의 나라에 들어갈 수 없느니라
> 6 육으로 난 것은 육이요 영으로 난 것은 영이니
> 7 내가 네게 거듭나야 하겠다 하는 말을 놀랍게 여기지 말라
> 8 바람이 임의로 불매 네가 그 소리는 들어도 어디서 와서 어디로 가는지 알지 못하나니 성령으로 난 사람도 다 그러 하니라

대 사명(The Great Commission)

신약 성경에서 거듭난 신자는 하나님에 의해 기름부음을 받았습니다. 그들은 어떤 일을 하도록 기름부음을 받았을까요? 첫째로 믿는 사람들은 복음의 기쁜 소식을 전하도록 기름부음을 받은 것입니다. 우리의 위대한 사명에서 이것을 볼 수 있습니다.

> 막 16:15-18
> 15 또 이르시되 너희는 온 천하에 다니며 만민에게 복음을 전파하라

16 믿고 세례를 받는 사람은 구원을 얻을 것이요 믿지 않는 사람은 정죄를 받으리라
17 믿는 자들에게는 이런 표적이 따르리니 곧 그들이 내 이름으로 귀신을 쫓아내며 새 방언을 말하며
18 뱀을 집어 올리며 무슨 독을 마실지라도 해를 받지 아니하며 병든 사람에게 손을 얹은즉 나으리라 하시더라

예수님께서는 제자들에게 "… 너희는 온 세상으로 가라 …"(막 16:15)고 말씀하셨습니다.

비록 그 당시 예수님께서 제자들에게 이 말씀을 하셨지만 예수님은 그때 그 제자들에게만 유일하게 복음을 전파할 권세를 주신 것은 아닙니다. 모든 믿는 자는 대 사명을 이행할 수 있도록 기름부음을 받았습니다. 그러나 예수님께서 제자들에게 이 말씀을 하실 그 당시에는 사역자들이라고는 제자들 밖에 없었습니다. 그리고 그들은 아직 세상으로 나가 복음을 전파하고 있지 않았고 예루살렘에 살고 있었습니다. 그러나 우리는 사도행전 뒤에서 첫 번째 핍박이 시작되면서 초대 교회가 사방으로 흩어지면서 복음을 전파하게 된 것을 읽을 수 있습니다. "그 날에 예루살렘에 있는 교회에 큰 박해가 있어 사도 외에는 다 유대와 사마리아 모든 땅으로 흩어지니라"(행 8:1).

성경에서 "너희는 가라"고 하시는 것은 오늘날에도 유효합니다! 믿는 자들은 기름부음과 위임을 받아 온 세상 모든 족속에게 복음을 전파해야 합니다.

믿는 자에게 주어진 권세

하나님이 믿는 자들에게 기름을 부으시고 모든 믿는 자들에게 권세를 주어 좋은 소식과 복음을 전하라고 언급한 다른 성경 구절을 보겠습니다.

막 13:34, 35
34 가령1) 사람이 집을 떠나 타국으로 갈 때에 그 종들에게 권한을 주어 각각 사무를 맡기며 문지기에게 깨어 있으라 명함과 같으니
35 그러므로 깨어 있으라 집 주인이 언제 올는지 혹 저물 때일는지, 밤중일는지, 닭 울 때일는지, 새벽일는지 너희가 알지 못함이라

성경은 말합니다. "가령 사람이 집을 떠나 타국으로 갈 때에 …" 여기서 예수님은 스스로를 '인자' 라는 표현으로 말씀하고 있습니다. 신약에서 예수님은 하나님의 아들이라고도 불렸고 사람의 아들이라고도 불리셨습니다. 신령한 관점에서 예수님은 하나님의 아들입니다. 사람의 관점에서는 예수님은 사람의 아들입니다.

이 구절에서 믿는 자들이 배워야할 것도 있습니다. 34절에서 예수님은 모든 사람들에게 그의 '일' 을 주셨다고 했습니다. 그리고 문지기에게 잘 지켜보라고 명령하셨습니다. 잘 지켜보고 기도하는 것이 당신의 일일 수도 있습니다. 만일

---

1) 영어 흠정역본에는 "For the Son of man is …"(이는 인자가 마치 … 명하는 사람과 같음이라"라고 번역하였음.(역자 주)

그렇다면 그 일에 충성하십시오. 그러면 하나님이 당신에게 상을 주실 것입니다.

성경은 인자가 '그의 종들에게 권세'를 주신 것을 말하고 있습니다. 그것은 우리가 거듭난 하나님의 아들들로서 온 세상에 대 사명을 이행할 권세가 있다는 것입니다. 예수님은 말씀하셨습니다. "가령 사람이 집을 떠나 타국으로 갈 때에 그 종들에게 권한을 주어…" 그것은 우리들에게 말씀하시는 것이고 하나님이 우리에게 주신 권한을 말하고 있는 것입니다.

그리고 믿는 자들에게 기름을 부으시고 권세를 주셔서 대사명을 이행할 수 있도록 하신 다른 성경 구절이 있습니다. 마태복음 28장에서 예수님이 죽은 자 가운데서 살아나신 후 예수님은 모든 권세와 권한이 예수님께 주어졌다고 말씀하셨습니다. '능력'이라고 번역된 헬라어 원어에는 '권세'라는 뜻도 있습니다. 그리고 그 다음 절에서 예수님은 곧 교회를 향해 가서 좋은 소식을 모든 민족에게 전하라고 하셨습니다.

마 28:18-20
18 예수께서 나아와 말씀하여 이르시되 하늘과 땅의 모든 권세를 내게 주셨으니
19 그러므로 너희는 가서 모든 민족을 제자로 삼아 아버지와 아들과 성령의 이름으로 세례를 베풀고
20 내가 너희에게 분부한 모든 것을 가르쳐 지키게 하라 볼지어다 내가 세상 끝날까지 너희와 항상 함께 있으리라 하시니라

예수님이 "너희는 가라"라고 말씀하실 때 그는 가서 다른 사람들에게 예수님에 대하여 전하라고 그리스도의 몸 된 교회를 향해서 위임하시고 권세를 주신 것입니다. 우리가 이미 말한 바와 같이 예수님은 그 제자들에게만 '가라'고 말씀하시지 않았습니다. 예수님은 그의 모든 제자들에게 말씀하시고 계십니다. - 예수님은 온 교회에 말씀하시는 것입니다. - 온 그리스도의 몸에게 말씀하고 계십니다. 다시 말하면 우리가 어디를 가든지 우리는 예수님을 전하고 그분이 구원하시는 능력을 말해야 합니다.

하나님은 우리가 가서 좋은 소식을 전하는 것뿐만이 아니라 우리가 가기 전에 하늘로부터 오는 능력을 덧입는 증인이 되기를 원하십니다.

눅 24:49
볼지어다 내가 내 아버지께서 약속하신 것을 너희에게 보내리니 너희는 위로부터 능력으로 입혀질 때까지 이 성에 머물라 하시니라

행 1:8
오직 성령이 너희에게 임하시면 너희가 권능을 받고 예루살렘과 온 유대와 사마리아와 땅 끝까지 이르러 내 증인이 되리라 하시니라

예수님께서 하늘로부터 능력을 받은 것처럼 믿는 자들도 하늘로부터 오는 능력을 부여받게 되어 있습니다. 그러나 우

리가 보았듯이, 예수님은 성령님을 제한 없이 가지셨지만 우리는 성령님을 일정 분량 받았습니다.

> 요 3:34
> 하나님이 보내신 이는 하나님의 말씀을 하나니 이는 하나님이 성령을 한량없이 주심이니라

> 롬 12:3
> 내게 주신 은혜로 말미암아 너희 각 사람에게 말하노니 마땅히 생각할 그 이상의 생각을 품지 말고 오직 하나님께서 각 사람에게 나누어 주신 믿음의 분량대로 지혜롭게 생각하라

그래서 우리는 예수님께서 믿는 자들을 향해 하늘로부터 오는 능력을 받아 그리스도를 위한 증인들이 되라고 하신 말씀을 이해할 수 있습니다. 그래서 믿는 자들은 권세가 주어지고 기름부음을 받아 "너희는 가라"고 하신 대 사명을 이룰 수 있게 됩니다. 그리스도의 몸에 속해 있는 우리 모두는 증인이 되어야 합니다!

우리는 이것이 그냥 제자들에게만 하시는 말씀이 아니라는 것을 압니다. 왜냐하면 성령의 기름부음과 성령의 부어 주심이 임할 때 그 다락방에는 열 두 제자만 있었던 것이 아니기 때문입니다. 성경은 그 다락방에 120명의 믿는 자들이 있었다고 말하고 있습니다.

행 1:13-15
13 들어가 그들이 유하는 다락방으로 올라가니 베드로, 요한, 야고보, 안드레와 빌립, 도마와 바돌로매, 마태와 및 알패오의 아들 야고보, 셀롯인 시몬, 야고보의 아들 유다가 다 거기 있어
14 여자들과 예수의 어머니 마리아와 예수의 아우들과 더불어 마음을 같이하여 오로지 기도에 힘쓰더라
15 모인 무리의 수가 약 백이십 명이나 되더라 그 때에 베드로가 그 형제들 가운데 일어서서 이르되

 그러므로 모든 믿는 자들은 다른 사람들에게 예수님에 대하여 전해야 합니다. 그렇다면 그리스도의 몸에 속한 모든 믿는 자들이 설교자가 되어야 한다는 말일까요? 물론 그렇습니다! 그러나 나는 모든 사람이 교회의 오중사역의 은사를 갖도록 부르심을 입었다고 말하지는 않았습니다(엡 4:11). 모든 그리스도인들은 어떤 면에서는 설교자가 되어야 합니다. 왜냐하면 '설교' 라는 것은 예수님의 죽음과 장사됨과 부활의 좋은 소식을 전하며 선포하는 것이기 때문입니다!
 우리가 본대로 예수님은 사람들에게 기름을 부어 오늘날 그리스도의 몸에서 오중사역의 기능 즉 사도, 선지자, 복음 전도자, 목사와 교사의 일을 하게 합니다. 그러나 그리스도의 몸 안에 있는 모든 사람들이 이러한 직분을 감당하도록 기름부음을 받고 소명을 받은 것은 아닙니다. 그러나 하나님이 당신의 삶에서 무엇을 하도록 부르실 때에 하나님은 당신에게 기름을 부으시고 그 준비를 갖추어 주실 것입니다.

제 3 장

신약의 왕과 제사장
(New Testament Kings and Priests)

하나님은 지금도 여전히 선지자와 설교자들에게 기름을 부으십니다. 그리고 하나님은 지금도 그의 모든 백성들에게 그의 증인이 되게 하기 위해서 기름을 부으십니다. 그리고 또 하나님은 왕과 제사장들에게도 기름을 부으십니다. 여기서 왕과 제사장이란 신약 시대의 왕과 제사장을 일컫습니다.

'제사장'이란 단어가 언급되면 대부분의 사람들은 중보 사역을 생각합니다. 왜냐하면 제사장은 사람들을 위하여 하나님께 중보하는 사람이기 때문입니다.

옛 언약 아래서는 사람들이 하나님께 직접 나가지 않았습니다. 30세 이상의 모든 남성은 일 년에 한 번은 예루살렘에 가야 했습니다. 하나님의 임재는 성전의 지성소 안에만 있었습니다. 모든 사람이 하나님의 임재가 있는 곳으로 들어갈 수 없었습니다. 제사장만 들어갈 수 있었고 그것도 지극히 조심스러운 것이었습니다.

제사장은 자신의 죄와 백성의 죄를 위하여 희생을 드렸습니다. 그것은 죄 없고 흠 없는, 언젠가 오실, 그리고 오셔서 자신의 피로 모든 백성의 죄를 속죄할 하나님의 어린양의 모형이었기 때문에 죄 없는 동물의 피를 흘렸던 것입니다.

제사장이 희생 제물이 된 동물의 피를 가지고 지성소에 들어가면 그와 그의 백성의 죄는 오는 일 년간 덮어지고 구속되어진 것입니다. 그러나 그 희생 제물로 뿌려진 짐승의 피는 백성의 죄를 온전히 깨끗하게 하지는 못했습니다. 이것은 오직 죄를 덮을 따름이었습니다. 그것으로 사람들은 다음 해에 다시 제사장들이 그 자신과 백성의 죄를 위하여 지성소에 들어 갈 때 까지 자신들의 죄가 가려지고 구속된 것(atoned for)으로 안심하고 돌아갈 수 있었던 것입니다.

그러나 하나님을 송축합니다. 우리의 대제사장이 되신 예수님께서 오셔서 갈보리에서 죽으시고 자신이 피를 흘리시고 죽은 자 가운데서 살아나시고 천국에 오르셨습니다. 히브리서는 예수님이 하늘의 지성소에 들어 가셔서 당신 자신의 피로 우리를 위하여 영원한 속량(redemption)을 이루셨다고 말해 주고 있습니다! 이제는 모든 거듭난, 믿는 자들이 하늘의 지성소에 들어가 하나님 앞에 언제나 원하는 대로 그 자신을 보일 수 있게 된 것입니다.

더 좋은 언약

우리는 신약 아래서 우리가 얼마나 더 좋은 언약 아래 있는

지를 알 수 있습니다.

> 계 1:1-5
> 1 예수 그리스도의 계시라 이는 하나님이 그에게 주사 반드시 속히 일어날 일들을 그 종들에게 보이시려고 그의 천사를 그 종 요한에게 보내어 알게 하신 것이라
> 2 요한은 하나님의 말씀과 예수 그리스도의 증거 곧 자기가 본 것을 다 증언 하였느니라
> 3 이 예언의 말씀을 읽는 자와 듣는 자와 그 가운데에 기록한 것을 지키는 자는 복이 있나니 때가 가까움이라
> 4 요한은 아시아에 있는 일곱 교회에 편지하노니 이제도 계시고 전에도 계셨고 장차 오실 이시며 그의 보좌 앞에 있는 일곱 영과
> 5 또 충성된 증인으로 죽은 자들 가운데에서 먼저 나시고 땅의 임금들의 머리가 되신 예수 그리스도로 말미암아 은혜와 평강이 너희에게 있기를 원하노라 우리를 사랑하사 그의 피로 우리 죄에서 우리를 해방하시고

새로운 언약 아래서는 우리가 우리의 죄를 고백하면 예수님의 피가 실질적으로 그것을 지우고 혹은 떠나 보내버리듯 깨끗이 씻어 버립니다. 하나님께 감사합니다. 예수님의 피로써 우리의 죄가 다 씻어진 것입니다!(이 주제를 더욱 공부하시려면 케네스 해긴 목사님의 '세 가지 큰 단어들' 이라는 작은 책자를 보십시오.)

사람들은 "당신은 어떻게 그런 일이 일어났는지 아십니까?"라고 묻습니다. 아닙니다. 나도, 당신도 모릅니다. 그러나 나는 그냥 기뻐하고 그것의 실체를 누리고 있습니다!

피로 씻긴 것

예수님은 자신의 피로 우리의 죄를 씻기셨습니다. 우리의 죄가 그의 피로 씻긴 후 거듭난 그리스도인들은 하나님 앞에서 왕과 제사장들이 되는 것입니다.

> 계 1:5, 6
> 5 또 충성된 증인으로 죽은 자들 가운데에서 먼저 나시고 땅의 임금들의 머리가 되신 예수 그리스도로 말미암아 은혜와 평강이 너희에게 있기를 원하노라 우리를 사랑하사 그의 피로 우리 죄에서 우리를 해방하시고
> 6 그의 아버지 하나님을 위하여 우리를 나라와 제사장으로 삼으신 그에게 영광과 능력이 세세토록 있기를 원하노라 아멘

요한계시록에서 우리에게 특별한 천년 왕국이 이 땅에 도래 한다고 말하고 있습니다. 그리고 우리는 예수님과 함께 천년동안 왕 노릇하리라고 말합니다.

> 계 5:10
> 그들로 우리 하나님 앞에서 나라와 제사장들을 삼으셨으니 그들이 땅에서 왕 노릇 하리로다 하더라

로마서 5장 17절은 우리가 벌써 왕과 제사장으로 이 삶을 지배하고 있다고 말하고 있습니다.

롬 5:17
한 사람의 범죄로 말미암아 사망이 그 한 사람을 통하여 왕 노릇 하였은즉 더욱 은혜와 의의 선물을 넘치게 받는 자들은 한 분 예수 그리스도를 통하여 생명 안에서 왕 노릇 하리로다

언제 우리가 왕 노릇하겠습니까? 앞으로 하겠습니까? 아닙니다! 이 땅의 삶에서 왕 노릇하는 것입니다! 다른 번역본은 이렇게 말하고 있습니다. "우리는 그리스도 예수로 말미암아 삶 가운데 왕 노릇하리로다."

하나님은 지금도 제사장들에게 기름 부으시고 왕에게도 기름을 부으십니다. 하나님은 당신과 나에게 – 그리스도의 몸에게 – 기름 부으셔서 왕과 제사장으로 지배하고 다스리게 하십니다! 하나님은 또 오중사역을 감당할 사람들을 위해서도 기름을 부으십니다. 그러나 우리 모두에게 복음 전파를 위하여 또 그분을 위한 증인으로서 기름을 부으셨습니다.

모든 믿는 자는 하나님께 제사장으로 기름부음을 받았습니다

제사장은 – 그 사람이 남자이건 여자이건 – 다른 사람을 대신하여 하나님 앞에서 말해주는 중개자입니다. 당신은 자신을 위하여 중보하지 않습니다. 당신이 그리스도 안에서 모든 특권과 권리를 가지고 행할 때 당신은 하나님의 임재에 들어갈 수 있다는 것을 압니다. 하나님의 말씀은 우리가 긍휼하

심을 얻고 때를 따라 돕는 은혜를 얻기 위하여 은혜의 보좌 앞에 담대히 나아가라고 말합니다(히 4:16). 중보자는 하나님의 임재 앞에 들어갈 권리나 특권이 없는, 믿지 않는 자들을 위하여 중보하는 것입니다. 어떤 사람들은 다른 그리스도인들을 위하여 기도하는 것으로 생각합니다. 그것이 중보입니까? 아닙니다. 그것은 탄원의 기도입니다. 성경 말씀은 우리에게 중보와 탄원을 둘 다 하라고 권고하고 있습니다.

하나님은 모든 그리스도인들이 제사장이 되도록 기름을 부으셨습니다. 성경은 그리스도의 몸 중에서 몇 사람만이 하나님 앞에서 제사장이 되도록 했거나 혹은 몇 명만이 왕 노릇하게 했다고 말하고 있지 않습니다. 아닙니다. 성경 말씀은 "또 충성된 증인으로 죽은 자들 가운데에서 먼저 나시고 땅의 임금들의 머리가 되신 예수 그리스도로 말미암아 은혜와 평강이 너희에게 있기를 원하노라 우리를 사랑하사 그의 피로 우리 죄에서 우리를 해방하시고 그의 아버지 하나님을 위하여 우리를 나라와 제사장으로 삼으신 그에게 영광과 능력이 세세토록 있기를 원하노라"(계 1:5, 6)라고 말하고 있습니다. 또 성경은 하나님이 우리를 왕과 제사장으로 만들려고 한다고 말하고 있지 않고 우리를 왕과 제사장으로 이미 만드셨다고 말합니다.

하나님은 지금도 사람들에게 기름을 부으십니다! 하나님은 지금도 사람들에게 왕과 제사장들로 기름을 부으십니다! 하나님은 그의 백성들에게 기름을 부어서 제사장으로 일하게 하십니다. 제사장은 사람들을 대신하여 하나님께 말하는 사람입니다. 어떤 사람들은 이렇게 말합니다. "하나님은 나에게 중보자로 소명을 주셨습니다!" 그러나 사실 하나님은 우리 모두에게 중보자의 소명을 주신 것입니다. 하나님은 당신만 부르신 것이 아닙니다. 중보라는 것은 특별한 소명이 아닙니다. 모든 그리스도인들은 중보와 탄원의 기도를 하도록 되어 있습니다. 어떤 그리스도인들은 아직 실천을 하지 않을지라도 그들은 중보기도와 탄원기도를 해야 합니다. 어떤 사람들은 다른 사람들보다 성령님께 더 즐겁게 반응을 합니다. 그러나 하나님은 우리 모두가 하나님께 제사장 노릇을 하도록 기름을 부어 주신 것입니다.

마귀는 크게 활동할 수 있습니다. 그리고 어떤 사람들은 성경이 우리가 하나님의 제사장으로 부르심을 받은 것에 대하여 무지함으로, 그들이 기도를 시작할 때 기름부음이 오면 그들은 자부심이 차올라 "나는 특별한 사람이다! 기름부음이 역사하는 것을 보니 나는 특별하다!"라고 생각합니다.

마귀는 바로 그렇게 그들이 생각하기를 원합니다. 이것은 루시퍼가 죄를 지은 것과 똑같은 방법입니다. 그는 교만해져서 '나는 특별하다' 라고 생각했습니다.

그는 "내가 하늘에 올라 하나님의 뭇 별 위에 내 자리를 높이리라 내가 북극 집회의 산 위에 앉으리라 가장 높은 구름에 올라가 지극히 높은 이와 같아지리라"(사 14:13, 14). 그는 영적인 자부심으로 가득 찼던 것입니다.

그러나 하나님은 그의 모든 백성들에게 하나님의 제사장으로 기름 부으셨습니다.

우리는 '특별' 하다고 생각하는 대신 기도할 때 "하나님을 찬양합니다. 우리들은 모두 제사장으로 기름부음을 받았습니다. 그러므로 열심히 기도합시다!"라고 말해야 합니다.

그러나 가끔 사람들은 – 특별히 하나님의 말씀에 뿌리를 잘 내리지 못한 사람들은 – 그들 자신들을 더 높게 생각하는 경향이 있습니다. 그래서 그들은 자기들이 그리스도의 몸 안에서 다른 사람들이 아무도 가지지 못한 특별한 '사역'과 '소명'이 있다고 생각합니다.

그러면 성경이 그리스도의 온 몸이 하나님의 제사장이 되는 것에 대하여 어떻게 말하고 있는지 살펴봅시다.

> 벧전 2:5, 9
> 5 너희도 산 돌 같이 신령한 집으로 세워지고 예수 그리스도로 말미암아 하나님이 기쁘게 받으실 신령한 제사를 드릴 거룩한 제사장이 될지니라
> 9 그러나 너희는 택하신 족속이요 왕 같은 제사장들이요 거룩한 나라요 그의 소유가 된 백성이니 이는 너희를 어두운 데서 불러내어 그의 기이한 빛에 들어가게 하신 이의 아름다운 덕을 선포하게 하려 하심이라

우리는 그리스도의 몸 안에서 모두 특별한 사람들입니다! 당신은 어떻게 사람들이 잘못된 생각으로 빠져 들어가는지를 알 수 있습니다. 우리는 하나님 앞에 모두 왕과 제사장으

로 부름을 받았습니다! 어떤 사람들은 다른 사람들보다 그들에게 속한 것들을 더 많이 사용한다 해도 왕과 제사장으로서의 유산은 모든 믿는 자에게 속한 것입니다.

그리스도인들이 범하는 또 다른 잘못은 그들 자신들이 중보자로써 특별한 '소명'과 '사역'이 있다고 생각하기 때문에 그들이 기도할 때 그들의 육신으로 무엇인가 만들어 해야 된다고 생각하는 것입니다. 하나님의 말씀과 같이, 그리고 성경의 인도하심을 따라서 기도하고 또 성령의 기름부음으로 기도하는 대신 그들은 육신에서 무엇인가 만들려고 하는 실수에 빠지게 됩니다. 그들은 하나님의 말씀에 맞게 성령의 기름부음을 받아 기도해야 합니다.

사람들이 하나님의 말씀을 우선으로 하지 않는다면 – 만일 사람들이 하나님의 말씀과 같은 맥락으로 기도하지 않는다면 – 그들은 하나님의 말씀으로부터 떠나 그들이 소위 '영'이라고 부르는 것들을 따라가 잘못 인도될 수 있습니다. 하나님의 말씀을 떠나 성령을 따라갈 수는 없습니다. 왜냐하면 성령과 말씀은 항상 일치하기 때문입니다. (이 주제에 대하여 더 가르침을 얻으시려면 해긴 목사님의 '기도의 기술'이라는 책을 보십시오.)

모든 그리스도인들은 제사장이 되어야 합니다! 성경은 "너희(그리스도의 온 몸)는 택하신 족속이요 왕 같은 제사장들이요 거룩한 나라요 그의 소유가 된 백성이니 이는 너희를 어두운 데서 불러내어 그의 기이한 빛에 들어가게 하신 이의 아름다운 덕을 선포하게 하려 하심이라"(벧전 2:9)라고 말하고 있습니다.

이 구절은 그리스도의 몸 안에 있는 우리 모두를 말하고 있습니다. – 어느 특정한 몇 명의 '택함 받은' 사람들을 말하고 있는 것이 아닙니다. 우리가 거듭나면 우리 중 몇 명만 그런 것이 아니라 우리 모두가 어둠에서 빛으로 나오도록 부름을 받은 것입니다. 그리스도의 몸 안에서 특별한 몇 사람만이 왕 같은 제사장이 된다는 생각이 틀렸다는 것을 쉽게 알 수 있을 것입니다. 어떤 사람들은 그것을 사용하고 있지 못해도 우리 모두는 왕 같은 제사장으로 부르심을 받았습니다! 하나님은 아직도 제사장들에게 기름을 붓고 계십니다!

그리고 제사장의 기능 중 하나는 다른 사람을 위하여 기도하는 것입니다. 그러면 제사장의 다른 기능들은 무엇일까요? 신약시대의 하나님의 제사장들로서 우리는 가장 높으신 하나님 앞에 쉬지 않고 찬송을 올려야 합니다. (우리는 이것을 6장과 9장에서 더 자세하게 다루겠습니다.)

믿는 자들을 왕으로서 기름 부으심

하나님은 제사장들에게 기름 부으실 뿐 아니라 왕에게도 기름 부으십니다. 하나님은 누구에게 왕이 되도록 기름 부으실까요? 그리스도의 몸에 있는 모든 믿는 자들입니다! 그것은 우리 모두를 의미합니다.

롬 5:17
한 사람의 범죄로 말미암아 사망이 그 한 사람을 통하여 왕 노릇 하였은즉 더욱 은혜와 의의 선물을 넘치게 받는 자들은 한 분 예수 그리스도를 통하여 생명 안에서 왕 노릇 하리로다

이 구절은 그리스도의 몸이 잘못하고 있는 분야를 보여주고 있습니다. 대부분의 그리스도인들은 천년왕국이 올 때까지 왕 노릇 하는 것을 미루고 있습니다! 우리가 천년왕국에서 왕 노릇 할 것으로 인해 하나님께 감사합니다. 그러나 또 다른 면으로는 성경은 우리가 지금 이 세상에서 왕 노릇 할 것이라고 말하고 있습니다.

요한계시록 5장 10절은 "그들로 우리 하나님 앞에서 나라와 제사장들을 삼으셨으니 그들이 땅에서 왕 노릇 하리로다"라고 말하고 있습니다. 이것은 우리가 그리스도와 함께 천년왕국에서 왕 노릇 하는 것뿐만 아니라 우리가 지금 이 세상에서 왕 노릇 하는 것에 대해서도 말하고 있는 것입니다. 우리가 읽은 바와 같이 로마서 5장 17절은 "… 그리스도를 통하여 생명 안에서 왕 노릇 하리로다"라고 말하고 있습니다!

우리는 다윗 왕의 왕위를 살펴보면서 우리가 이 세상에서 어떻게 왕 노릇 하는지를 살펴볼 수 있습니다. 구약의 옛 언약아래서 왕이었던 다윗은 기름부음이 없이 왕 노릇하기를 원치 않았습니다.

성경에서 다윗이 제사장으로부터 기름부음을 받은 그날부

터 성령이 오셨다고 했습니다(삼상 16:13). 구약에서 다윗에게 임하여 왕으로 삼으신 하나님의 영은 새로운 언약에서 그리스도 예수를 통하여 믿는 자들 안에 거하시면서 이 세상에서 왕 노릇 하게 하시는 성령님과 같으신 분입니다(롬 5:17). 다윗에게 온 하나님의 영은 다른 목적이 있었습니다. - 그를 이스라엘의 왕으로 다스릴 수 있도록 능력을 주신 것입니다. 그러나 그 영은 새로운 언약 아래에 있는 믿는 자들 안에 거하시는 성령님과 같은 분이십니다.

대부분의 경우 사람들은 자연적인 영역에서 왕 노릇 하려고 하기 때문에 문제에 빠지게 됩니다. 다른 말로 하면, 그들은 기름부음이 없이 왕 노릇 하려고 하는 것입니다. 그러나 하나님은 우리가 왕 노릇할 수 있도록 기름 부으시는 분입니다. 하나님이 구약에서 기름 부으셨던 것처럼 신약시대에 사는 우리들에게도 기름을 부으십니다. 하나님의 말씀은 분명히 구약에 일어났던 일들은 신약의 일어나는 일들의 모형과 그림자라고 말하고 있고 우리는 더 좋은 약속 아래 세워진 더 좋은 언약을 가지고 있다고 말하고 있습니다(히 8:6).

어떻게 하는 것이 사람들이 기름부음 없이 왕 노릇을 하려고 하는 것일까요? 그 한 가지는 그리스도인의 삶에서 성령님의 협조와 도움 없이 살려고 하는 것입니다. 그들은 기름부음 없이 그리스도인의 삶을 살려고 합니다! 그러나 그리스도인으로서 살기 위해서는 가장 먼저 거듭나야 합니다. 그 후에 우리가 본 것처럼 그리스도인은 하늘로부터 능력을 받아야 하는 것입니다. 우리는 또 모든 믿는 자들로 그들을 위한 하나님의 목적을 이 땅에서 완성시킬 수 있게 하는 새로운 기름부음이 있다는 것을 알게 될 것입니다.

거듭나지 않고 왕 노릇하려고 하는 일

지난 수년 간 사람들이 내게 이렇게 말했습니다. "나는 그리스도인의 삶을 살 수 없습니다. 나는 거룩한 삶을 살려고 노력을 해 보았지만 그렇게 살 수 없었습니다."

이렇게 말한 몇 명의 남자들은 내가 목회하고 있던 교회 교인들의 남편이었습니다. 그들의 부인들은 그녀들의 남편을 구원받게 하려고 했기 때문에 그들의 남편들은 노력했습니다. 예를 들어, 한 달이나 두 달 동안 담배와 술을 끊기도 했습니다. 그런 남편들 중에서 몇 명이 내게 와서 말했습니다. "나는 그리스도인의 삶을 살 수 없습니다! 내가 그리스도인의 삶을 살려고 하는 것은 소용이 없는 일입니다."

나는 그들 모두에게 말했습니다. "당신은 그리스도인이 되기 위하여 아무 것도 끊을 필요가 없습니다."

"그럴 필요가 없다고요?"

"예, 그럴 필요가 없습니다. 그냥 당신의 삶을 예수님께 드리세요!"

"그렇게 간단할 리가 없지요." 어떤 사람이 이렇게 말했습니다.

"아니요. 정말 그렇습니다. 당신이 거듭나면 하나님이 당신의 속을 변화시켜 주십니다"라고 내가 말했습니다.

우리는 성령으로 거듭나는 것이 필요한 것입니다! 그리고 우리의 삶에 성령의 기름부음이 필요한 것입니다! 이 기름부음이야 말로 우리를 삶에서 승리하게 하는 것입니다.

하나님은 지금도 선지자, 설교자, 제사장, 그리고 왕들에게 기름 부어 주십니다. 그리고 하나님의 백성에게도 그분의 증인들이 되게 하기 위해서 기름을 부어 주십니다.

제 4 장

터진 웅덩이 혹은 가득찬 저수지?
(Empty Cisterns or Full Reservoirs?)

우리는 구약과 신약의 기름부음을 살펴보았습니다. 우리는 구약에서 선지자와 제사장과 왕들에게 기름부음을 주시는 것을 보았습니다. 우리는 또 신약에서 예수님의 삶에서 그리고 또 믿는 자들의 삶에서의 기름부음도 보았습니다. 우리는 지금도 하나님께서 믿는 자들에게 모든 세상에 나가서 복음을 전파하고 그분을 위한 증인이 되라고 그리고 또 신약 시대의 왕과 제사장들로 세우기 위해서 성령으로 기름 부으시는 것을 보았습니다. 우리는 이제 기름부음의 다른 면을 살펴볼 필요가 있습니다.

렘 2:9-13
9 그러므로 내가 다시 싸우고 너희 자손들과도 싸우리라 여호와의 말씀이니라
10 너희는 깃딤 섬들에 건너가 보며 게달에도 사람을 보내 이같은 일이 있었는지를 자세히 살펴보라
11 어느 나라가 그들의 신들을 신 아닌 것과 바꾼 일이 있느냐 그러나 나의 백성은 그의 영광을 무익한 것과 바꾸었도다

12 너 하늘아 이 일로 말미암아 놀랄지어다 심히 떨지어다 두려워할지어다 여호와의 말씀이니라
13 내 백성이 두 가지 악을 행하였나니 곧 그들이 생수의 근원되는 나를 버린 것과 스스로 웅덩이를 판 것인데 그것은 그 물을 가두지 못할 터진 웅덩이들이니라

예레미아서의 이 구절들을 통해서 하나님은 이스라엘 백성들에게 말씀하셨습니다. 그러나 이 구절들은 주 예수 그리스도의 교회인 우리들을 위한 말씀이기도 합니다. 여기서 하나님은 이스라엘이 두 가지의 악을 범했다고 말씀하고 계십니다. 하나는 생수의 근원이신 하나님을 버린 것과 두 번째 악은 그들이 그들을 위하여 웅덩이를 판 것인데, 그것은 터진 웅덩이로 물을 채울 수 없는 웅덩이입니다. 다시 말하면, 그들은 하나님의 계획을 버렸고 그들 자신들의 계획을 만든 것입니다. 그들 자신들의 계획은 사람이 만든 것이기 때문에 번영할 수 없었던 것입니다.

사전에 의하면 '웅덩이'는 인공적으로 만든 저장소 혹은 수조를 말하는데 대부분의 경우 땅을 파서 빗물을 저장하기 위하여 만든 것입니다. '저수지'는 물을 많이 모아서 도시나 그 지역에 물을 공급하기 위한 것으로 물이 필요할 때를 위한 것입니다. 다른 말로 하면, 저수지는 어떤 것을 많이 모아 저축하여 사람들의 필요를 채우기 위한 것입니다.

이 성경 구절에서 이스라엘은 사람의 계획으로 물을 저장할 수 없는 터진 웅덩이를 팠다는 것입니다. 즉, 그들은 하

나님의 영광을 그들에게는 아무 유익이 안되는 그들 자신의 계획과 그들 자신들의 방식으로 바꾼 것입니다. 그들은 하나님의 계획을 상실하여 번영할 수 없었던 것입니다. 그러므로 신약의 우리 믿는 자들은 이것을 교훈으로 해서 하나님의 계획을 받아들임으로써 번영할 수 있어야 하겠습니다! 하나님은 그의 백성들이 빈 웅덩이 이기를 원하지 않으십니다. 하나님은 그들이 가득찬 저수지이기를 원하십니다. 그러나 우리가 빈 웅덩이가 될 것인지 혹은 꽉 차있는 저수지가 될 것인지는 그리스도 안에 우리들 각자에게 달린 것입니다.

우리가 만일 하나님의 계획을 소유하게 되면 우리는 가득찬 저수지가 될 것이고 우리의 계획 밖에 아무 것도 없는 텅빈 웅덩이가 되지는 않을 것입니다! 그렇게 되기 위해서는 하나님의 신약의 계획과 모형이 무엇인지 알아야 하며 하나님의 계획을 택함으로 번영하여야 합니다. 하나님의 계획을 가집시다! 하나님께서 그의 백성들을 가득찬 저수지가 되게 하려는 계획은 무엇인지를 알아봅시다! 나는 하나님께서 그의 백성 하나하나가 다 그의 영광으로 가득찬 저수지가 되기를 원하신다고 믿습니다. 당신도 그렇게 생각하십니까?

시 92:10
그러나 주께서 내 뿔을 들소의 뿔 같이 높이셨으며 내게 신선한 기름을 부으셨나이다 믿는 자들은 그들의 삶에 하나님의 기름부음이 없이 하나님의 영광이 가득찬 저수지가 될 수 없습니다. 그러므로 그들은 삶 속에서 하나님의 계획을 이루어 나가는 동안 그들이 하는 모든 일들이 번영할 수 있기 위하여 성령님의 기름부음이 필요합니다.

믿는 자들이 그들의 삶에서 어떻게 기름부음을 유지하여 하는 모든 일들이 번영할 수 있을까요? 이것에 대한 응답은 믿는 자들이 이 세상에서 그들을 위한 하나님의 목적을 이루기 위해 신선한 기름부음을 받아야 한다는 사실에 달려 있습니다. 시편 기자는 "… 내게 신선한 기름을 부으셨나이다"라고 썼습니다. 하나님은 그의 백성이 텅 빈 웅덩이가 되지 않기 위해서 계속적으로 신선한 기름부음을 받기를 원하고 계십니다. 그리고 하나님은 모든 믿는 자들이 그들이 시험과 환란을 통과하는 중에도 항상 가득찬 저수지가 되도록 모든 것을 예비해 놓으셨습니다. 지속적으로 신선한 기름부음을 받는 것은 하나님의 사람으로 하여금 하나님의 영광으로 가득찬 저수지가 될 수 있게 합니다.

어떻게 하나님으로부터 신선한 기름부음을 받아서 둑이 터지고 텅 빈 웅덩이가 아닌 하나님의 영광이 가득찬 저수지가 될 수 있을까요? 그리고 그들의 삶에서 신선한 기름부음을 유지하는 자들이 가진 가득찬 저수지의 특성들은 무엇일까요? 우리는 다음 장에서 기름부음의 이러한 면들을 살펴보겠습니다.

하나님이 우리에게 가득찬 저수지가 되기를 원하시는데 하나님은 우리가 무엇으로 가득 차기를 원하실까요? 무엇보다 먼저, 하나님은 우리가 하나님의 말씀으로 가득 차기를 원하십니다.

말씀으로 가득 차기

첫째, 그리스도인들은 하나님의 말씀으로 가득 차야 합니다. 말씀이 우리 안에 거주하며 같이 살아야 합니다.

> 골 3:16
> 그리스도의 말씀이 너희 속에 풍성히 거하여 모든 지혜로 피차 가르치며 권면하고 시와 찬송과 신령한 노래를 부르며 감사하는 마음으로 하나님을 찬양하고

만일 우리 안에 말씀이 거해야 한다면 성경은 어느 정도까지 우리 안에 말씀이 거해야 한다고 말하고 있을까요? 아주 조금일까요? 조금일까요? 그냥 겨우 해낼 수 있을 만큼일까요? 아닙니다. 풍성하게 거해야 합니다! 하나님의 말씀은 우리 안에 풍성하게 거해야 합니다!

물 안에 잠겨서 물을 가득히 먹은 스펀지를 생각해 보십시오. 우리는 말라 버린 스펀지가 물을 흡수하듯이 우리도 하나님의 말씀을 온전히 '흡수해야' 합니다. 당신이 스펀지를 물에 담그면 그것에 물이 가득 차서 당신이 어디를 만지던지

물이 나올 것입니다. 우리도 말씀을 그렇게 빨아들여서 하나님의 말씀이 우리의 영 안에 있게 해야 합니다! 그렇게 되면 어떤 상황이 우리의 삶에 다가와도 스펀지에서 물이 나오듯 하나님의 말씀이 나올 것입니다. 그것이 바로 우리 삶의 어떤 상황 속에서도 우리가 해야 하는 일입니다. 하나님의 말씀으로 가득 차 있어야만 합니다!

어떤 어려움이 당신의 어느 곳을 건드린다 해도 말씀이 나올 수 있을 때까지 하나님의 말씀에 잠기십시오. 당신에게 핍박이 다가올지라도 말씀이 나와야 합니다. 당신에게 비난이 다가올지라도 말씀이 나와야 합니다. 당신에게 시험과 환란이 다가온다 해도 말씀이 나와야 합니다. 우리가 말씀이 충만하여 말씀만이 나와야 할 또 다른 분야도 있습니다.

롬 12:3
내게 주신 은혜로 말미암아 너희 각 사람에게 말하노니 마땅히 생각할 그 이상의 생각을 품지 말고 오직 하나님께서 각 사람에게 나누어 주신 믿음의 분량대로 지혜롭게 생각하라

로마서의 이 구절은 우리가 마땅히 생각해야할 그 이상의 생각을 품지 말라고 말하고 있습니다. 그것은 우리가 말씀으로 아주 충만하여 우리 인생에 무슨 일을 만나든지 – 그것이 사람의 칭찬이나 영예라 할지라도 – 우리 안에는 말씀밖에 없기 때문에 그것이 나와야 하는 것입니다! 당신 안에 말씀

이 충만하여 무엇이 당신의 인생을 건드리든지 당신에게서는 말씀만이 나오도록 하십시오.

> 골 3:16
> 그리스도의 말씀이 너희 속에 풍성히 거하여 모든 지혜로 피차 가르치며 권면하고 시와 찬송과 신령한 노래를 부르며 감사하는 마음으로 하나님을 찬양하고

이 골로새서 3장 16절에서 다른 것을 주의해 보십시오. 우리는 우리 안에 말씀이 풍부하게 거하게 할 것을 이미 결정했습니다. 그러나 이 구절은 그 외에 무엇인가를 더하고 있지요. 하나님의 말씀이 당신 안에서 모든 지혜로 풍성하게 하십시오. 성경은 우리가 단순히 우리 안에 말씀만 풍부하게 거하게 하라고 말하고 있지 않습니다. 성경은 말씀이 우리 안에서 모든 지혜로 풍부하게 거해야 한다고 말하고 있습니다.

왜 성경은 단지 "그리스도의 말씀이 당신 안에 거하게 하라"고만 말하지 않았을까요? 왜냐하면 우리는 지혜가 있어야 하나님의 말씀을 올바르게 나누어 우리의 삶에 바르게 적용할 수가 있기 때문입니다. 그리스도의 말씀이 어떤 사람들 안에 있습니다. 그러나 그들은 지혜가 없어서 어떤 상황에서 어떻게 적절하게 적용할지를 모르는 것입니다. 그들은 말씀을 적절히 사용하지 못하고 전체 문맥과 상관없이 어떤 말씀만 뽑아내어 실제로 말씀이 말하고 있지 않은 것을 말하여

말씀을 오용합니다. 그래서는 안 됩니다. 하나님의 말씀은 우리 안에 모든 지혜로 충만히 거하게 해야 합니다.

성령 충만

우리 그리스도인들이 말씀 외에 또 어떤 것으로 충만해야 될까요? 첫째는 말씀으로 충만해야 하며, 둘째는 성령으로 충만해야 합니다.

성령으로 충만하다는 것은 성령 안에서 열심을 내라는 말입니다.

> 롬 12:10-12
> 10 형제를 사랑하여 서로 우애하고 존경하기를 서로 먼저 하며
> 11 부지런하여 게으르지 말고 열심을 품고 주를 섬기라
> 12 소망 중에 즐거워하며 환난 중에 참으며 기도에 항상 힘쓰며

당신은 성령으로 충만하지 않고는 성령으로 열심을 낼 수가 없습니다. 그렇지 않습니까?

이 성경 구절들은 로마의 성도들에게 쓴 것입니다. 그러나 이것은 어디에 있든 간에 모든 하나님의 백성들에게 적용됩니다. 초대 교회에 살던 그리스도인들이 그랬던 것처럼 오늘날의 우리 그리스도인들도 하나님께 똑같은 사랑을 받으며 성도들이라고 불리고 있습니다. 그리고 이 성경 구절에서 성령님은 바울을 통하여 우리에게 성령으로 열심을 내라고 훈

계하고 있습니다. 왜냐하면 우리는 하나님의 성도로서 그리스도와 함께 하늘 보좌에 앉아있기 때문입니다.

이 성경 구절은 번역본에 따라 여러 가지로 다양하게 읽히고 있어서 그 구절의 의미를 이해하는데 도움을 줍니다. 우리가 본대로 킹 제임스 번역본에서는 "영 안에 열심을 내라"고 말하고 있습니다. 다른 번역본에서는 "영 안에서 빛이 나라"(센테나리 번역본) "당신의 영으로 빛나게 하라"(와이머스 번역본) "성령으로 불타게 하라"(굳스피드 번역본) "영으로 빛나게 하라"(개역표준 번역본) "영으로 빛나고 타게 하라"(확대 번역본)고 말하고 있습니다.

영으로 열심히 한다는 것과 혹은 영으로 불이 나게 한다는 것, 그리고 혹은 영으로 빛나게 한다는 것은 당신의 영과 성령님이 둘 다 그렇게 되어야 한다고 말하고 있습니다. 이것은 모두 성령님께 국한된 것은 아닙니다. 당신도 영으로 빛나게 하는 일에 있어서 무엇인가를 해야 하는 것입니다. 그러나 나는 다음의 번역본을 제일 좋아합니다. 그것은 "영적인 빛을 유지하라"(모펫)고 말하고 있습니다. 빛을 유지하라! 하나님은 우리들에게 영의 빛이 유지되기를 원하십니다. 성령으로 충만하여 넘칠 정도가 아니면 영의 빛을 유지하기가 어렵습니다. 다른 말로 하면, 하나님은 우리가 영의 빛을 유지하도록 성령 충만할 것을 원하고 계시는 것입니다.

하나님께서 우리에게 빛을 유지하기 원하신다면 우리가

항상 성령으로 충만한 것이 하나님의 뜻임에 틀림이 없습니다. 그리고 성경은 그렇게 가르치고 있습니다.

우리를 향한 하나님의 뜻

> 엡 5:17, 18
> 17 그러므로 어리석은 자가 되지 말고 오직 주의 뜻이 무엇인가 이해하라
> 18 술 취하지 말라 이는 방탕한 것이니 오직 성령으로 충만함을 받으라

우리가 주님의 뜻을 아는 것이 가능할까요? 물론 가능한 일입니다! 그러나 어떤 사람들은 계속하여 물어봅니다. "나를 향한 하나님의 뜻이 무엇일까요? 나는 나를 향한 하나님의 뜻을 알지 못하는 것을 보니 아마 지혜롭지 못한가 봅니다." 그러나 바울을 통해 성령님은 18절에서 하나님의 뜻이 정말 무엇인가를 잘 가르쳐 주고 있습니다.

우리를 향한 하나님의 뜻은 성령으로 충만함을 받는 것입니다! 그러면 성령으로 충만함을 받는 것은 어떤 것인지 살펴보겠습니다. 첫째 이것은 신선한 기름으로 기름부음을 받는 것입니다.

> 시 92:10
> 그러나 주께서 내 뿔을 들소의 뿔 같이 높이셨으며 내게 신선한 기름을 부으셨나이다

이 구절에서 "내게 신선한 기름을 부으셨나이다"라고 한 것을 주목하십시오. 이것은 이미 시편 기자가 그 이전에 기름부음을 받았다는 것을 의미합니다. 그 이전에 이미 기름으로 기름부음을 받지 않았다면 다시금 신선한 기름을 바를 필요가 없지 않겠습니까?

여기에 성경적 원리가 있습니다. 사람이 처음 거듭난 후 성령 충만을 받습니다. 그러나 그 후 성령님의 신선한 기름으로 계속 충만하게 되어야 한다는 것입니다.

우리가 헬라어로 된 에베소서 5장 18절의 "성령으로 충만함을 받으라"라고 한 구절을 더 잘 이해한다면 우리가 계속적인 성령의 재충만함이 있다는 개념을 더 잘 이해할 수 있을 것입니다. 헬라어 학자들은 우리들에게 이 구절에서 어휘에 대한 다양한 묘사가 있다고 말해주고 있습니다. 헬라어를 직역하면 "성령으로 충만함을 받으라"는 것은 "성령으로 충만함을 계속하여 받으라"라고도 번역될 수 있습니다.

다른 말로 하면, 바울은 이렇게 말하고 있는 것입니다. "계속하여 성령으로 충만함을 받는 경험을 유지하라"고 말하고 있는 것입니다. 바울은 그리스도인들에게 그들의 삶에서 성령의 신선한 기름부음을 계속적으로 유지하여 계속적으로 성령 충만하라고 격려하고 있습니다. 그러면 우리는 신약의 신선한 기름부음을 받았던 초대 교회의 몇 가지 예를 보겠습니다.

제 5 장

신약의 모형
(New Testament Pattern)

신약에서 계속적으로 성령 충만한 것과 계속하여 신선한 기름부음으로 채워지는 예를 몇 가지 보겠습니다. 우리는 신약 성경에서 처음으로 성령 충만함을 받는 것과 계속적으로 재충만함을 받는 모형을 볼 수 있습니다. 그 예는 사도행전 2장 1-4절과 사도행전 4장 23-31절입니다.

행 2:1-4
1 오순절 날이 이미 이르매 그들이 다같이 한 곳에 모였더니
2 홀연히 하늘로부터 급하고 강한 바람 같은 소리가 있어 그들이 앉은 온 집에 가득하며
3 마치 불의 혀처럼 갈라지는 것들이 그들에게 보여 각 사람 위에 하나씩 임하여 있더니
4 그들이 다 성령의 충만함을 받고 성령이 말하게 하심을 따라 다른 언어들로 말하기를 시작하니라

이 구절들에서 우리는 예루살렘에 모인 120명의 사람들이 성령의 충만함을 받은 것을 볼 수 있습니다. 그들은 하늘로

부터 성령의 기름으로 기름 부어지고 성령의 세례를 받고 다른 방언으로 말하기 시작했습니다.

그 후 우리는 사도행전 2장 46-47절에서 주님께서 구원받는 사람들을 매일같이 교회에 더해 주시는 것을 볼 수 있습니다. 이러한 일들이 일어날 때는 오순절이 지난 후 며칠이 더 지나야 했습니다.

> 행 2:46, 47
> 46 날마다 마음을 같이하여 성전에 모이기를 힘쓰고 집에서 떡을 떼며 기쁨과 순전한 마음으로 음식을 먹고
> 47 하나님을 찬미하며 또 온 백성에게 칭송을 받으니 주께서 구원 받는 사람을 날마다 더하게 하시니라

그리고 우리는 사도행전 3장에 와서 베드로와 요한이 성전으로 가는 것을 봅니다. 성전 미문에서 앉은뱅이였던 남자가 치유를 받습니다. 당신은 이 이야기를 기억하실 것입니다. 베드로는 그 앉은뱅이에게 이렇게 말합니다. "은과 금은 내게 없거니와 내게 있는 이것을 네게 주노니 나사렛 예수 그리스도의 이름으로 일어나 걸으라"(행 3:6). 그 앉은뱅이는 치유를 받았습니다. 그리고 그들과 함께 성전으로 들어갔습니다. "… 뛰어 서서 걸으며 그들과 함께 성전으로 들어가면서 걷기도 하고 뛰기도 하며 하나님을 찬송하니"(8절).

그 앉은뱅이가 치유를 받은 후 베드로와 요한은 체포되어

제사장들과 성전을 지키는 자들 앞에 끌려가 심문을 받게 되었습니다. 유대인 지도자들은 제자들에게 다시는 예수의 이름으로 가르치거나 말하지 말도록 협박한 후 베드로와 요한을 놓아 주었습니다. (사도행전 3장과 4장을 보십시오.)

행 4:23-31
23 사도들이 놓이매 그 동료에게 가서 제사장들과 장로들의 말을 다 알리니
24 그들이 듣고 한마음으로 하나님께 소리를 높여 이르되 대주재여 천지와 바다와 그 가운데 만물을 지은 이시요
25 또 주의 종 우리 조상 다윗의 입을 통하여 성령으로 말씀하시기를 어찌하여 열방이 분노하며 족속들이 허사를 경영하였는고
26 세상의 군왕들이 나서며 관리들이 함께 모여 주와 그의 그리스도를 대적 하도다 하신이로소이다
27 과연 헤롯과 본디오 빌라도는 이방인과 이스라엘 백성과 합세하여 하나님께서 기름 부으신 거룩한 종 예수를 거슬러
28 하나님의 권능과 뜻대로 이루려고 예정하신 그것을 행하려고 이 성에 모였나이다
29 주여 이제도 그들의 위협함을 굽어보시옵고 또 종들로 하여금 담대히 하나님의 말씀을 전하게 하여 주시오며
30 손을 내밀어 병을 낫게 하시옵고 표적과 기사가 거룩한 종 예수의 이름으로 이루어지게 하옵소서 하더라
31 빌기를 다하매 모인 곳이 진동하더니 무리가 다 성령이 충만하여 담대히 하나님의 말씀을 전하니라

31절에서 우리는 기도하려고 모였던 사람들이 다 성령 충만함을 받는 것을 볼 수 있습니다. 그러나 우리는 이 그리스

도인들이 사도행전 2장 4절에서 벌써 성령의 충만함을 받았던 것을 읽었습니다. 그렇습니다. 이 그리스도인들은 사도행전 2장에서 처음으로 성령 충만을 받았던 것입니다. 그러나 사도행전 4장 31절에서는 그들이 다시 성령으로 재충만을 받는 것을 말하고 있습니다. 이것이 신선한 기름부음입니다. 시편의 기자는 "나는 신선한 기름으로 기름부음을 받으리로다"라고 했던 것을 기억하십시오.

이들 초대 그리스도인들은 정말로 신선한 기름부음을 받았던 것입니다. 31절을 보십시오. "모인 곳이 진동하더니…" 기름부음이 너무 강력하여 그들이 모였던 곳이 진동했습니다. 그것은 온 집이 흔들렸다는 말입니다!

하나님의 능력이 너무 크게 나타났기 때문에 그들이 기도하려고 모였던 그 건물이 진동했고 그들이 넘치는 성령으로 충만함을 받게 되었던 것입니다. 그들은 신선한 기름으로 기름부음을 받았습니다!

성령의 첫 번째 충만함이 있었습니다. 그러나 그 후에도 계속적인 재충만이 있다는 것입니다. 많은 사람들이 잘못 이해하는 것이 이 부분입니다. 당신이 수년 전에 처음으로 성령 충만함을 받았다고 하여 이런 과거의 경험이 당신을 지금 이 순간 승리로 이끌 수는 없습니다.

D. L. 무디는 이렇게 말했습니다. "과거의 경험으로 사는 사람은 말라빠진 만나를 먹는 것과 같습니다."

수년 전에 나는 어떤 사람이 이렇게 말하는 것을 들었습니다. "나는 1919년에 구원을 받았고 같은 해에 성령세례를 받았고 방언으로 말했습니다!" 그러나 이 사람에게는 그것이 하나님께로 간 것의 전부였습니다. 그 후로 그는 '마른 고등어' 같이 죽어 있었습니다! 우리는 우리 자신에게 '지금의 나는 어떤가? 지금 나의 간증은 어떤가? 나는 지금 성령으로 충만한가?'를 물어보아야 합니다.

신약 성경의 다른 구절에서 그리스도인들이 신선한 기름으로 기름부음을 받는 것의 예를 찾아보겠습니다.

사도행전 19장에서 우리는 에베소에 있는 그리스도인들이 바울의 사역으로 성령 충만함을 처음으로 받았던 것을 볼 수 있습니다.

행 19:1-6
1 아볼로가 고린도에 있을 때에 바울이 윗 지방으로 다녀 에베소에 와서 어떤 제자들을 만나
2 이르되 너희가 믿을 때에 성령을 받았느냐 이르되 아니라 우리는 성령이 계심도 듣지 못하였노라
3 바울이 이르되 그러면 너희가 무슨 세례를 받았느냐 대답하되 요한의 세례니라
4 바울이 이르되 요한이 회개의 세례를 베풀며 백성에게 말하되 내 뒤에 오시는 이를 믿으라 하였으니 이는 곧 예수라 하거늘
5 그들이 듣고 주 예수의 이름으로 세례를 받으니
6 바울이 그들에게 안수하매 성령이 그들에게 임하시므로 방언도 하고 예언도 하니

바울이 에베소에 처음 왔을 때 이 사람들은 예수님이 이 세상에 오셨다는 사실조차도 듣지 못하고 있었습니다. 그들은 거듭나지 못했고 그러므로 성령으로 세례도 받지 못했습니다. 그들이 아는 것이라고는 요한의 물세례 밖에 없었습니다. 바울은 그들에게 예수님에 대하여 증거했습니다. - 예수님이 십자가에서 죽으심과 그의 장사되심과 그가 부활하시고 하늘로 승천하신 것에 대하여 말해 주었습니다.

바울은 이 에베소 사람들에게 그들이 세례요한을 통해서는 약속어음을 받은 것이지만 지금은 그리스도를 통하여 어음이 아닌 생명의 실체를 받을 수 있다고 말해 주었습니다. 세례 요한은 이렇게 설교했습니다. "나는 너희에게 물로 세례를 베풀었거니와 그는 너희에게 성령으로 세례를 베푸시리라"(막 1:8). 그들은 예수님을 받아들였고 성령으로 충만함을 받게 되었습니다(행 19:5, 6).

그런데 에베소서 5장에서 바울이 같은 그 교인들에게 성령의 충만함을 받으라고 하고 있는 것입니다.

> 엡 1:1
> 하나님의 뜻으로 말미암아 그리스도 예수의 사도 된 바울은 에베소에 있는 성도들과 그리스도 예수 안에 있는 신실한 자들에게 편지하노니

> 엡 5:18
> 술 취하지 말라 이는 방탕한 것이니 오직 성령으로 충만함을 받으라

바울은 에베소 그리스도인들에게 말했습니다. "… 술 취하지 말라 … 오직 성령으로 충만함을 받으라"(18절). 이런 말을 하는 것은 바울이 그들에게 다시금 성령의 세례를 받으라고 하는 것이 아닙니다. 그들은 사도행전 19장 1-6절에서 이미 성령의 세례를 받았습니다.

바울은 거듭나서 성령 충만을 받은 에베소의 성도들에게 이 편지를 쓰면서 또 다시 그들에게 성령의 충만함을 받도록 지시하며 격려해 주고 있는 것입니다. 다른 말로 하면, 바울은 그들에게 계속적으로 성령의 충만한 경험을 유지하라고 하는 것입니다.

그는 성령 충만한 삶과 그리고 성령이 충만으로 넘치게 하여 하나님의 뜻과 충만함에 있어서 어떻게 설 수 있는 지에 대하여 분명하게 지시하고 있습니다.

바울은 계속적인 성령 충만의 경험에 대하여 말하고 있습니다. 그는 이렇게 말하고 있습니다. "성령의 충만함에 거하라. 신선한 기름으로 새롭게 기름부음을 받으라! 술에 취하지 말고 성령의 충만함을 받으라"(엡 5:18).

첫 번째 성령의 충만함이 있습니다. 그러나 앞으로 계속적인 성령의 재충만함이 있어야 한다는 것입니다. 요약하여 말하자면 이렇습니다. 그리스도인들은 하나님께서 말씀하신 신약의 모형에 따라서 성령 충만함을 유지하고 있습니까? 하나님의 백성들이 그들의 삶 속에서 성령 충만함에 거하면서 영의 빛을 발하는 것을 유지하고 있습니까? 그들은 성령 안에서 열심을 냅니까? 그들은 터진 웅덩이입니까 혹은 가득찬 저수지입니까?

예를 들어서, 우리는 사람들이 술을 많이 먹으면 술에 취하는 것을 압니다. 술이 성경에서 성령의 한 모형으로 표현되는 것 같이 물도 성령의 한 모형입니다. 성경은 "… 술에 취하지 말고 … 성령으로 충만함을 받으라(취하라)"(엡 5:18)라고 말하고 있습니다. 성경은 술을 많이 마셔서 취한 사람의 예를 들어서 설명하고 있습니다. 어떤 사람이 술에 계속하여 취해 있으려면 그는 계속 술을 마셔야 합니다. 그렇지요? 그가 처음으로 술에 취했다 할지라도 만일 그가 다시 술을 마시지 않는다면 다음 주일까지 술에 취해 있을 수 없습니다.

그리스도인들은 술에 취하지 말고 성령으로 충만함을 받아야 합니다. 당신이 성령으로 가득 차 충만하다면 성령에 취해 있을 수 있습니다. 그러나 당신이 처음 성령으로 충만함을 받고 방언으로 말을 했다고 해서 당신이 오늘도 성령으로 충만하여 넘쳐흐른다는 말은 아닙니다. 그릇은 샐 수도 있습니다. 그래서 우리는 성령으로 매일 계속하여 충만함을 받아야 하는 것입니다. 우리는 오늘도 성령으로 충만하여 성령으로 취해야 하는 것입니다. 우리는 오늘 신선한 기름부음이 필요합니다. 그리고 이번 주일도, 또 그 다음 주일도 또 그 다음 주일도 필요합니다. 우리는 성령의 충만함에 거해야 합니다!

성령에 취하십시오! 신선한 기름부음을 받을 만큼 당신이 성령으로 충만하여 넘칠 때까지 하나님의 임재하심에 오랫동안 거하십시오. 하나님의 백성들은 신선한 기름부음이 필요합니다.

오늘날의 교회

나는 그것이 오늘날 교회가 놓치고 있는 부분이라고 생각합니다. 대개의 그리스도인들은 성령에 충만하여 넘치는 상태를 계속 유지하지 않습니다. 그들은 신선한 기름부음을 받을 때까지 그들이 하나님의 임재 안에 계속 거하는 것과 말씀에 거해야 하는 것을 이해하지 못합니다.

처음에 성령세례를 받고 성령 충만케 되는 일이 있습니다. 그러나 그리스도인들에게 계속적인 재충만함이 없다면 가득 찬 저수지가 될 수 없습니다. 에베소 교회의 그리스도인들이 성령으로 재충만함을 받는 것이 필요했다면 우리도 성령으로 다시 충만함을 받는 것이 필요합니다.

당신은 요즘 소위 '믿음'의 사람들이 이렇게 이야기하는 것을 듣습니다. "나는 성령 충만을 받았습니다. 나는 늘 옳은 고백만을 합니다. 그리고 나는 하나님을 믿습니다. 그래도 아무 일도 일어나지 않습니다!" 그렇습니다. 그들이 전에 성령 충만을 받았을지는 모릅니다. 그러나 시간이 지나는 동안 물은 그릇에서 새어 나가고, 그렇게 되면 – 인생의 시험과 환란을 겪는 가운데 - 당신이 성령의 충만함을 계속 유지하지 않는다면 우리는 가득찬 저수지가 아니라 터진 웅덩이가 되어버릴 수 있습니다. 물이 새거나 물이 증발하더라도 우리가 가득찬 저수지가 될 수 있도록 그릇을 물로 계속 채워야 합니다.

하나님의 영으로 취하여 있으십시오! 당신은 성령에 흠뻑 취해서 정말 술에 취한 사람같이 비틀거릴 수도 있습니다. 성령으로 충만함을 받고 계속적으로 성령의 충만함을 받아서 넘쳐흐를 때까지 받으십시오! 첫 번째로 성령의 충만을 받고 그 이후에도 재충만 즉, 신선한 기름부음이 계속 있어야 합니다.

나는 술 취한 사람들에 대해서 잘 모릅니다. 나는 술 취한 사람들 가운데 있어 보지 않았습니다. 한 번은 내가 어떤 사람들을 심방하고 있었는데 그 사람의 상관이 저녁을 먹으러 왔습니다. 이 사람은 새로 거듭난 사람이었고 무엇인가를 이해하기에는 충분히 발전을 하지 못한 것 같았습니다. 그가 저녁을 먹으러 왔을 때 그는 벌써 술을 먹은 후였고 약간 취한 상태로 왔습니다. 그는 식사 내내 웃었습니다. 그는 감자 대신 옥수수를 달라고 했고 콩 대신 밥을 달라고 했습니다. 그리고 그는 그냥 웃기만 했습니다.

나는 이 에베소서 5장 18절을 생각했습니다. "너희는 술에 취하지 말고 성령의 충만함을 받으라." 당신이 영에 취했을 때 당신은 웃고 세상 근심이 없어질 것입니다. 당신은 영으로 정말 취하게 될 것입니다! 당신이 하나님의 영으로 충만해질 때 자연적인 일들이 그전과는 달라 보입니다. 당신은 감사함으로 충만해지고, 당신의 심령은 주님께 계속하여 찬양을 하게 될 것입니다.

  당신이 성령으로 취했을 때 자연적인 일들이 다르게 보이는 것을 경험했습니까? 당신이 성령으로 충만함을 받았을 때 별로 매력적이라고 생각하지 않았던 사람들이 매력적으로 보일 것입니다. 당신이 성령으로 충만하여 넘쳐흐를 때는 모든 것이 다 더 좋게 보입니다! 말하자면 당신은 사람들을 하나님의 사랑의 눈으로 보게 됩니다. 당신이 성령으로 충만함을 받았을 때 아주 놀라운 일들이 생깁니다.

기름부음은 변화를 가져옵니다

  우리는 어떤 도시에서 집회를 하고 있었습니다. 몇 명의 찬양하는 사람들이 찬송을 할 때 하나님의 기름부음이 그 건물 전체에 영광스럽게 임했습니다. 주님의 기쁨이 그 곳에 꽉 채워지면서 나는 그냥 웃기 시작했습니다. 그러자 찬양하는 사람들도 웃기 시작했습니다. 우리는 모두 성령으로 웃기 시작한 것입니다.

  그 예배에 참석하고 있던 한 여인의 아들 중 하나가 하나님과의 관계가 올바르지 않았던 것을 후에 그녀가 말해 주었습니다. 그런데 그 아들이 트럭을 밖에 세워놓고 그 안에 앉아 있었다고 합니다.

집회가 끝난 후, 그 아들이 그 여인에게 예배가 진행되고 있는 동안 자기에게 무슨 일이 일어났는지를 말해 주었습니다. 그는 하나님을 경험했던 것입니다. 그는 어머니에게 이렇게 말했습니다. '엄마, 나는 찬양팀의 웃는 소리를 들을 수 있었어요. 그리고 그들이 웃고 있을 때 아주 짙은 구름이 내 트럭에 들어 와서 가득 채우고 둘러쌌어요."

하나님의 임재하심이 그 트럭으로 구름같이 스며 들어왔던 것입니다. 그 후 이 청년은 하나님과 올바른 관계로 회복되었습니다! 그는 훨씬 전에 거듭 났으며 하나님과의 교제도 어느 정도 있었지만 그가 해야 할 만큼 하나님과 가까이 행하고 있지 않았습니다.

그의 어머니가 나중에 이렇게 말했습니다. "그런 경험이 있은 후 그는 완전히 달라졌어요! 주님과의 관계가 완전히 회복되었습니다. 그 후로 그는 주님과 동행하고 있습니다. 그는 그의 삶을 온전히 하나님께 헌신하고 바쳤습니다!" 우리가 한 일은 성령의 충만으로 인해 웃은 것 밖에 없습니다. 주님의 기쁨으로 넘쳐서 흘러나왔던 것입니다.

나는 사람들이 하나님의 성령으로 충만했을 때, 마치 가득 찬 저수지처럼 충만했을 때 정말 놀라운 일들이 일어나는 것을 보았습니다. 텅 빈 터진 웅덩이가 아니라 가득찬 저수지 일 때 말입니다! 하나님의 성령으로 충만한 것입니다! 목회자들은 그들의 교회를 성령으로 충만하게 하여 가득찬 저수지가 되어서 온 도시에 물을 공급하며 영적으로도 공급 할 수 있게 되어야 합니다.

그러면 신약의 모형을 다시 하나 보겠습니다.

> 행 4:31
> 빌기를 다하매 모인 곳이 진동하더니 무리가 다 성령이 충만하여 담대히 하나님의 말씀을 전하니라

사도행전 4장 31절에 초대 교회에서 성령의 신신한 기름 부음을 받았을 때, 그들이 기도하고 있던 건물이 진동했습니다. 그들이 너무 충만하여 건물이 진동을 한 것입니다. 그것은 성령님이 그들을 충만하게 하셨을 뿐만 아니라 그들이 기도하던 방에도 충만하게 되자 이런 일들이 일어나게 된 것입니다.

나는 남침례교인으로 자랐습니다. 그러던 중에 나는 성령의 충만함을 받고 다른 방언으로 말하기 시작했습니다. 나는 성령님의 움직임에 대해서 전혀 알지 못하고 있었습니다. 결국 나는 오순절 교회로 옮겨 갔고 그들이 집회하는 중에 사람들은 손을 들었고 어떤 때는 성령님의 능력에 의해 그들의 손이 떨리는 것도 보았습니다.

그 후 나는 집회 분위기가 하나님의 능력으로 충만해 지면서 하나님의 능력이 교회에 충만하게 나타나는 것을 보아 왔습니다. 내가 손을 들어서 하나님을 찬양하려고 할 때 공중에 "전기"가 있는 것 같이 느껴질 때가 있었습니다. 사방의

분위기가 다 하나님의 기름부음으로 꽉 차 있었습니다. 성령이 역사하시기 시작할 때 기름부음은 영적으로는 물론이지만 육신적으로도 당신에게 영향을 줄 수 있습니다.

어떤 사람들은 하나님의 능력으로 사람들이 넘어질 때나 혹은 그 능력으로 흔들릴 때 흥분을 합니다. 그러나 온 건물이 진동할 때까지 기다리십시오. 그러면 정말 흥분할 일이 생길 것입니다.

초대 교회의 그리스도인들이 재충만이 필요했다면 우리도 재충만이 필요합니다. 이것이 오늘날 교회의 문제 중에 하나입니다. 우리들은 신선한 기름부음이 필요합니다!

당신이 성령의 충만하심으로 흘러넘친 것이 얼마나 오래 되었습니까? 당신이 성령의 신선한 기름부음을 받은 것이 얼마나 오래 되었습니까?

한 소리로(One Accord)

그리스도인들이 어떻게 하면 신선한 기름부음을 받을 수 있습니까? 초대 교회의 그리스도인들은 어떻게 신선한 기름부음을 받았습니까? 예를 들어서, 사도행전 4장에서, 어떻게 제자들에게 신선한 기름부음이 임했습니까?

> 행 4:23, 24, 31
> 23 사도들이 놓이매 그 동료에게 가서 제사장들과 장로들의 말을 다 알리니

24 그들이 듣고 한마음으로 하나님께 소리를 높여 이르되 대주재여 천지와 바다와 그 가운데 만물을 지은 이시오
31 빌기를 다하매 모인 곳이 진동하더니 무리가 다 성령이 충만하여 담대히 하나님의 말씀을 전하니라

그들이 다같이 모여 한 목소리로 기도하려고 모였던 것을 주목하십시오. 어떤 때 나는 우리들의 대형 집회가 무엇인가를 잃어버리고 있다고 생각합니다. 왜냐하면 많은 사람들이 강단 앞에 나와 기도할 수 있는 자리가 부족하기 때문입니다. 물론 나는 모든 예배가 그렇게 해야 한다는 것은 아닙니다. 또 다른 한편으로, 우리는 성령으로 계속하여 충만함을 가지는 일을 놓치고 있다고 생각합니다. 왜냐하면 교회의 예배시간에, 그러한 시간을 주지 않을 뿐 아니라 또 장소가 없어서 온 교회 식구들이 한 자리에 모여서 한 목소리로 기도할 수 없기 때문입니다. 옛날에는 결신의 시간을 가지면 사람들이 강단으로 나와 무릎을 꿇고 같이 기도했습니다. 사람들이 그렇게 한 목소리로 함께 기도를 하면 모든 사람들이 신선한 기름으로 기름부으심을 받을 수 있습니다.

여기 사도행전 4장 31절에서 사람들이 한 목소리로 기도를 할 때, 모든 사람들이 - 그 곳에 있던 모든 그리스도인들이 - 성령의 신선한 기름으로 채워지고 흘러 넘쳤습니다. 그렇습니다. 우리는 각자의 집에서 각각 기도할 수 있습니다. 그리고 우리는 그렇게 해야 합니다. 그러나 다같이

모여서 하는 연합 기도에는 무엇인가 더 큰 하나님의 능력이 나타납니다.

제 6 장
신선한 기름부음을 받은 자들의 특성
(Characteristics of Those With a Fresh Anointing)

만일 많은 그리스도인들이 그들의 삶에 성령의 신선한 기름부음을 계속 받는다면 얼마나 많은 교회들의 문제가 해결될까요? 성령이 충만하여 넘치는 계속적인 경험을 유지하지 못하므로 많은 경우, 그리스도인들이 성령 충만했다면 만나지 않아도 될 삶의 문제와 시험을 만나게 됩니다.

그것은 인생에 어떤 시험이나 환란이 없을 것이라는 것을 의미하는 것은 아닙니다. 성경은 그렇게 가르치고 있지 않습니다. 시험과 시련은 우리들 모두의 삶에 오게 되어 있습니다. 그러나 당신이 성령으로 충만하고, 또 말씀으로 가득 차 있다면 당신이 경험할 필요가 없는 시험과 시련도 있습니다. 당신이 신선한 기름부음을 받을 때까지 하나님의 임재하심에 거하십시오!

우리는 성경에서 하나님의 백성을 위한 하나님의 뜻은 그들이 성령으로 충만함을 받는 것이라는 것을 보았습니다. 그것은 그리스도인들이 성령으로 계속하여 충만함을 유지하는 것입니다. 그래서 그들이 터진 웅덩이가 아니고 가득찬 저수지가 되어야 합니다.

그러면 우리가 항상 성령으로 계속 충만한 사람들의 특성을 살펴보겠습니다. 우리는 신선한 기름부음의 결과를 보아야 하겠고 그들의 삶에 성령으로 신선한 기름부음을 받은 사람들의 특성을 살펴보아야 하겠습니다.

> 엡 5:18-21
> 18 술 취하지 말라 이는 방탕한 것이니 오직 성령으로 충만함을 받으라
> 19 시와 찬송과 신령한 노래들로 서로 화답하며 너희의 마음으로 주께 노래하며 찬송하며
> 20 범사에 우리 주 예수 그리스도의 이름으로 항상 아버지 하나님께 감사하며
> 21 그리스도를 경외함으로 피차 복종하라

초자연적인 발언(Supernatural Utterance)

첫 번째로 19절의 "서로 화답하며(Speaking to yourselves)"라는 것을 주목하십시오. 당신은 성경에서 '성령으로 충만한 것'에 대하여 말할 때마다 '말하는 것'에 대해 언급하고 있다는 것을 아십니까? "성령으로 충만 … 말하며 …"(18, 19절). 다른 말로 하면, 성령으로 충만하게 되면 초자연적인 발언을 한다는 것입니다. 자, 그러면 그것들을 보여주는 다음 구절들을 보겠습니다.

행 2:4
그들이 다 성령의 충만함을 받고 성령이 말하게 하심을 따라 다른 언어들로 말하기를 시작하니라

행 10:44-46
44 베드로가 이 말을 할 때에 성령이 말씀 듣는 모든 사람에게 내려오시니
45 베드로와 함께 온 할례 받은 신자들이 이방인들에게도 성령 부어 주심으로 말미암아 놀라니
46 이는 방언을 말하며 하나님 높임을 들음이러라

행 4:31
빌기를 다하매 모인 곳이 진동하더니 무리가 다 성령이 충만하여 담대히 하나님의 말씀을 전하니라

엡 5:18, 19
18 술 취하지 말라 이는 방탕한 것이니 오직 성령으로 충만함을 받으라
19 시와 찬송과 신령한 노래들로 서로 화답하며 너희의 마음으로 주께 노래하며 찬송하며

초자연적인 발언이란 성령의 기름부음으로 말합니다. 당신이 성령으로 충만하여 진다면 방언으로 말하게 됩니다. 성령으로 충만한 삶을 유지하기를 원한다면 당신은 계속하여 방언으로 말해야 합니다. 당신은 또 초자연적으로 시와 찬미나 신령한 노래들을 성령의 기름부음으로 할 수 있습니다. 우리는 이것을 에베소서 5장 18, 19절을 공부할 때 더 잘 알게 될

것입니다. 그리고 우리는 제자들이 하나님의 말씀을 더욱 담대하게 전파하는 것을 보게 됩니다. 여기서 우리는 하나님의 말씀을 더욱 담대하게 말하는 것이 성령의 충만한 증거가 되는 것을 알 수 있습니다. 이 모든 것은 초자연적인 발언의 예입니다. 즉, 성령의 기름부음과 감동하심으로 말하게 되는 것입니다.

그리고 에베소서 5장 18-21절을 다시 보면서 성령의 충만함을 받은 다른 특성을 살펴보겠습니다. '말하는 것', '노래', '감사' 그리고 '복종'이란 말들에 특별히 주목하십시오.

> 엡 5:18-21
> 18 술 취하지 말라 이는 방탕한 것이니 오직 성령으로 충만함을 받으라
> 19 시와 찬송과 신령한 노래들로 서로 화답하며 너희의 마음으로 주께 노래하며 찬송하며
> 20 범사에 우리 주 예수 그리스도의 이름으로 항상 아버지 하나님께 감사하며
> 21 그리스도를 경외함으로 피차 복종하라

우리는 성령으로 충만함을 유지하는 사람의 한 특성이 방언을 말하는 것임을 알았습니다. 우리는 또 에베소서 5장 19절에서 당신의 삶에 신선한 기름부음을 유지하기 위해서 당신은 초자연적인 발언으로, 시와 찬미와 신령한 노래를 할 수 있다는 것도 알았습니다. 만일 당신이 성령으로 충만하여 넘치게 되면, 당신의 삶에 하나님의 신선한 기름부음이 유지

된다면 - 당신은 지속적으로 하나님께 감사할 것입니다. 그리고 당신은 다른 사람들에게 겸손하고 순종하는 영과 태도를 가지게 될 것입니다.

노래하는 것

성경이 시와 찬미와 신령한 노래에 대하여 말할 때 이것은 음악책에서 노래를 골라서 노래하는 것을 뜻하지 않습니다. 이것은 예언의 영에 의한 초자연적인 발언을 말하고 있는 것입니다. 시와 찬미와 신령한 노래는 성령의 영감으로 순간적으로 주어지는 것입니다. 이것은 배우고 연습해서 되는 것이 아닙니다.

우리는 예언이 알려진 언어로 발성되는 영감에 의한 발언이라고 기억합니다. 그리고 예언의 은사는 "사람에게 말하여 덕을 세우며 권면하며 위로하는 것"입니다(고전 14:3). 성경은 "너희는 … 하나씩 하나씩 예언할 수 있느니라"라고 말하고 있습니다(고전 14:31). 간단한 예언의 은사는 선지자들의 사역과는 구별되어야 합니다. 우리는 모든 그리스도인들이 성령의 충만함을 받고 예언을 할 수 있지만 모든 그리스도인들이 선지자로 소명을 받아 세워지는 것은 아닙니다. 그러나 그리스도의 몸 안에 있는 모든 사람들이 예언을 할 수 있기 때문에 그리스도의 몸 안에 있는 누구라도 시와 찬미와 신령한 노래를 할 수 있습니다. 왜냐하면 이것들은 예언의 영을 통하여 성령님이 주신 것이기 때문입니다.

성경은 또 "… 이는 마음에 가득한 것을 입으로 말함이라" 라고 말하고 있는 것을 기억하십시오(마 12:34). 당신의 심령 안에 무엇이 있든지 그것이 당신의 입으로 나올 것입니다. 당신의 심령에 노래가 있으면 그것이 흘러나올 것입니다. 당신의 입으로 나오지 않는 것은 당신의 심령에 없는 것입니다. 그러나 당신이 성령으로 충만하다면 당신의 심령에 노래가 있을 것입니다. 그리고 그것은 결국 입을 통해 밖으로 흘러나올 것입니다!

에베소서 5장 18, 19절에서와 같은 것을 말하고 있는 골로새서 3장 16절과 함께 시와 찬미와 신령한 노래에 대하여 더 이해하기 위해서 살펴보겠습니다.

> 엡 5:18, 19
> 18 술 취하지 말라 이는 방탕한 것이니 오직 성령으로 충만함을 받으라
> 19 시와 찬송과 신령한 노래들로 서로 화답하며 너희의 마음으로 주께 노래하며 찬송하며

여기서 내가 여러분들에게 주목하기를 바라는 것이 두 가지가 있습니다. 첫째는 18절과 19절에서 성경은 시와 찬미를 당신의 집에서 개인적으로 하는 것에 대해서 말하고 있습니다. 이것을 "너희의 마음으로 주께 노래하며"라고 말하

고 있습니다. 우리가 말한 바와 같이 이것은 음악책에 있는 것이라기보다는 성령이 당신들에게 영감으로 주시는 것입니다. 시편은 영적인 시와 송영입니다. 당신은 이런 시편이나 영적 노래들을 당신 자신에게 말함으로써 당신을 세울 수 있습니다.

이 구절의 동의 구절인 골로새서 3장 16절은 시와 찬미와 신령한 노래를 말하는 것에 대하여 더욱 자세한 지시를 하고 있습니다.

> 골 3:16
> 그리스도의 말씀이 너희 속에 풍성히 거하여 모든 지혜로 피차 가르치며 권면하고 시와 찬송과 신령한 노래를 부르며 감사하는 마음으로 하나님을 찬양하고

우리는 벌써 이 구절을 하나님의 말씀으로 충만해 지는 것과 연결하여 읽어 보았습니다. "그리스도의 말씀이 너희 속에 풍성히 거하여…" 그러나 나는 여러분들이 여기서 또 다른 것에 주목해 보기를 원합니다.

골로새서 3장 16절에서 성경은 우리들이 서로 가르치고 권면하는 것에 대하여 말하고 있습니다. 그리고 역시 시와 찬미와 신령한 노래로 서로 가르치며 권면할 수 있다고 말하는 것을 유의해 보십시오. 우리는 서로에게 시와 찬미와 신령한 노래로 가르치고 권면해야 합니다.

그것은 당신이 시와 찬미들의 내용을 모르고 있었다면 그것

들이 당신을 가르치는 것입니다. 당신은 성령의 영감으로 주어진 것들로 가르침을 받고 있는 것입니다. 만일 당신이 알고 있던 것이라면 시와 찬미와 신령한 노래들로 당신을 권면하고 있는 것입니다. 그러나 우리 안에 하나님의 말씀이 모든 지혜에서 풍성하게 거하지 못한다면 우리는 시와 찬미와 그리고 신령한 노래로 서로를 가르치고 권면할 수 없을 것입니다!

골로새서 3장 16절에 의하면 어떤 시와 찬미와 신령한 노래는 우리가 서로 피차간에 노래하거나 말하게 되어 있습니다. 그러나 다른 면으로 보면, 성경의 에베소서 5장 19절에서 말한 것과 같이 어떤 시와 찬미와 신령한 노래는 우리 자신에게 말하고 노래할 수 있을 뿐 아니라, 우리의 심령으로 주님의 은혜를 노래로 할 수 있다고 말하고 있습니다. 그러므로 어떤 시나 찬미나 신령한 노래는 서로에게 하는 것이고, 또 어떤 것들은 우리 자신에게나 주님께 하는 것입니다.

골로새서 3장 17절은 이것에 대하여 더욱 밝히 가르치고 있습니다.

> 골 3:17
> 또 무엇을 하든지 말에나 일에나 다 주 예수의 이름으로 하고 그를 힘입어 하나님 아버지께 감사하라

우리가 시나 찬미나 신령한 노래를 우리의 개인적인 기도 시간에 우리 자신을 세우기 위해서 자신에게 하거나, 주님께 할 때나, 혹은 공중 모임에서 서로를 권면하고 가르치기 위

하여 할 때나 이 모든 것은 주님의 이름을 영화롭게 하기 위하여 해야 합니다.

나는 노래를 잘 못하므로 종종 시를 말합니다. 내가 노래를 잘 할 수 있다면 나는 성령님이 주시는 대로 시편을 노래로 했을 것입니다. 그러나 나는 노래를 못하므로 그냥 성령의 영감으로 오는 시나 찬미를 그냥 말로 합니다. 성경은 당신이 당신에게 시와 찬미와 신령한 노래로 말하는 것과 주님을 위한 노래를 당신의 심령 속에 가지고 있으라고 권면합니다. 나는 때때로 새벽 4시에 일어나서 한 시간이나 두 시간씩 나 자신에게 시로 말하곤 합니다. 우리는 모두 이런 일을 하도록 격려 받고 있는 것입니다.

초자연적인 문턱에서 중지하지 마십시오!

많은 경우에 사람들은 초자연적인 문 앞에서 중지하고 맙니다. 그들은 성령으로 충만함을 받고 다른 방언으로 말을 합니다. 그런 것들로 인하여 하나님께 감사합니다. 그러나 그것보다 더 큰 초자연적인 하나님의 능력이 있습니다. 당신이 처음 성령으로 충만함을 받고 방언으로 말을 하면 계속 방언과 시와 찬미와 신령한 노래와 같은 초자연적인 말을 하십시오. 그리고 하나님의 말씀으로 항상 충만하여 더욱 담대하게 말할 수 있습니다.

하나님의 말씀과 성령으로 충만한 것이 우리 삶 안에 신선한 기름부음을 계속 유지하는 방법입니다. 우리는 신선한 기름부음을 받도록 하나님의 임재하심에 계속하여 거할 필요가 있습니다. 우리는 하나님의 영광이 가득찬 저수지가 되기 위하여 신약의 모형을 따라가야 합니다.

그러므로 우리는 계속하여 방언으로 말하며, 우리 심령으로 주님께 노래하며 멜로디를 만듭니다. 우리 안에는 모든 지혜에 넘치는 그리스도의 말씀이 거하게 해서 계속하여 서로 가르치고 권면합시다.

당신은 언제 마지막으로 성령님의 영감으로 주어진 시를 말했습니까? 아마 당신은 이렇게 말할 지도 모릅니다. "나는 다른 사람들이 시편으로 말한다는 것은 들은 일이 있습니다. 그리고 나는 나한테도 그런 능력을 달라고 기도도 했습니다." 혹은 아마도 당신은 시와 찬미 혹은 신령한 노래를 하는 것은 아주 소수의 특별한 그리스도인들에게만 속한 것이라고 생각했을 수도 있습니다. 그리고 모든 그리스도인들이 다 시를 말할 수 있는 것은 아니라고 생각했을 수도 있습니다. 그러나 그렇지 않습니다. 성령이 "너희는 다 예언할지니라"라고 했기 때문에 우리가 성령의 기름부음으로 말하는 것은 모든 그리스도인들에게 속한 것입니다. 그리고 시와 찬미와 신령한 노래는 간단한 예언의 은사를 행사하는 것입니다.

하나님은 지금도 그의 백성들이 예언할 수 있도록 기름을 부어 주십니다! 나는 선지자적 사역의 자리를 말하는 것이 아닙니다. 나는 간단한 예언의 은사를 말하고 있는 것입니다. 성경은 간단한 예언의 은사가 사람들에게 덕을 세우며 권면하며 안위하는 것으로써 우리가 모두 예언할 수 있다고 말합니다. "너희는 하나씩 하나씩 모두 예언을 할 수 있다"(고전 14:31).

그러나 아주 간단한 예언의 은사도 기름부음 아래서 행사되어야 합니다. 너무 많은 경우 사람들은 기름부음 없이 예언을 합니다. 그들은 육신적으로 무엇을 만듭니다. 그렇게 해서도 안됩니다. 그들은 예언할 수 있는 기름부음을 기다려야 합니다. 그들은 신선한 기름으로 기름부음을 받아야 합니다!

그러므로 만일 당신이 하나님의 성령으로 충만하다면 – 당신이 신선한 기름으로 기름부음을 받았다면 – 당신이 원할 때는 언제든지 당신 자신에게와 주님께 시와 찬미와 신령한 노래로 말할 수 있습니다. 만일 그것이 가능한 일이 아니라면 성경은 우리에게 그렇게 하라고 격려하지 않았을 것입니다! 우리는 모두 신선한 기름으로 기름부음을 입어 시와 찬미와 신령한 노래로 말할 수 있어야 하겠습니다.

우리가 누구한테 말해야 한다고요? 당신 자신에게와 주님께 입니다! 당신이 혼자 있든지 다른 사람과 같이 있든지 하나님의 임재 하심에 신선한 기름부음을 받을 때까지 오래 머물러 있었다면 주님을 향한 시와 찬미와 신령한 노래가 당신의 심령 안에 있을 것입니다. 그러면 하나님의 영으로 충만하게 넘쳐서 서로 피차 가르치고 권면할 수 있습니다. 시와 찬미와 신령한 노래를 할 수 있는 기름부음은 당신 속에서 흘러나올 것입니다.

성령은 당신 안에 있습니다. 하나님의 기름부음도 당신 안에 있습니다. 어떤 때는 기름부음이 당신 위에 임하게 될 것입니다. 또 어떤 때는 기름부음이 당신 속에서 올라올 것입니다. 사람마다 다른 방법으로 일하실 수 있지만 이것들은 같은 기름부음입니다.

기름부음이 당신에게 임하거나, 혹은 속에서 올라올 때 말이 당신의 입에서 흘러나오게 되고 당신이 말하려고 생각해 보지도 않았던 말들을 당신은 하나님께 말하게 될 것입니다. 시편은 영적인 시나 송영이기 때문에 운이 맞을 때가 많습니다. 운이 맞을 때나 안 맞을 때나 거기에는 시적인 요소가 있습니다. 내가 그런 영역에서 말하기 시작할 때는 내게서 시가 계속 흘러나옵니다. 나는 내 자신에게 시를 말하면서 밤을 새운 적도 있습니다. 여기 성령님이 내게 주신 두 개의 시편이 있습니다.

주님을 찬양

나는 주님을 항상 찬양하리라.
보는 것으로 움직이지 않고
길이 어둡게 보일 때도
길이 없는 것 같이 보일 때도
나는 내 자리에 서서 주님을 찬양하리라.

그는 나의 가는 길을 보시고
나는 그의 길을 걷고 있기에
나는 주님 보시기에 기쁨이 되는 일을 하리라.

인생의 폭풍이 오더라도
천둥이 오고 번개가 친다 해도
승리는 결국 내 것인 줄 아노라!

왜냐하면 그는 천국으로부터 오래 전에 왔음이라.
그는 아버지 하나님이 보내신 승리자시라.
이 땅에 내려 오셔서 사람들을 끌어올려 놓으셨네.
예수 안에서 그들이 어떤 사람인지 아는 곳으로.
예수님의 축복과 진리의 실체를 아는 곳으로.
그러므로 원수는 그들을 이길 수 없네.
그러므로 그들은 밤낮으로 하나님을 찬양하네.

승리

승리는 장소도 물건도 아닙니다.
승리는 내가 만지고 볼 수 있는 것도 아닙니다.
승리는 그분 안에 있습니다 –
천국에서 오신 승리자 그리스도 안에.

그는 아버지의 품으로부터 이 땅에 왔습니다.
그래서 내 자리를 대신하여 나의 대속이 되셨습니다.
그리고 적을 그의 땅에서 패배시켰습니다.

예수님은 천국의 열쇠와 지옥과 죽음의 열쇠도 가지고
승리로 일어나셔서
우리 모두에게 와서
주님과 함께 천국에 가자고 초청하십니다.

당신의 속에서 부글부글 끓어오르듯
(Bubbling Upon the Inside)

계속 성령으로 충만하게 하십시오! 신선한 기름부음을 받을 때까지 하나님의 임재에 거하십시오. 기름부음이 당신의 속에서 끓어오를 때까지 하나님의 임재 안에 계십시오. 당신은 휘파람을 부는 주전자를 본 적이 있습니까? 당신이 물을 주전자에 넣고 난로에 올려놓으면 이 주전자가 휘파람을 불기 시작할 때까지 물은 아직 뜨겁지 않습니다. 정말 뜨거운 물을 원하면 이 주전자를 불 위에 올려놓고 물이 끓기 시작하여 공기 방울들이 올라오다가 지속적인 휘파람 소리가 날 때까지 기다려야 할 것입니다!

당신이 하나님의 임재 앞에서 신선한 기름부음을 받을 수 있도록 오래 거하기만 한다면 기름부음은 안에서 부글부글 끓어오를 것입니다. 그렇게 되면 하나님께 드리는 줄기찬 기도와 찬양과 감사가 당신의 입으로부터 흘러나올 것입니다! 시로 말하는 것이 당신의 영으로부터 나올 것입니다. 그것은 단순한 예언의 은사로 일상적인 당신의 말로 나올 수도 있습니다. 혹은 방언으로 말하면서 통변하는 것이 시가 될 수도 있습니다. 그러나 이것은 모두 당신의 영이 하나님 임재 앞에서 신선한 기름부음을 받기까지 오랫동안 머물러 있었기 때문에 영에서 흘러나올 수 있는 것입니다!

에베소서 5장 19절에서 또 다른 면, "너희의 마음으로 주께 노래하며 찬송하며"라고 한 것을 주목하십시오. 당신이 시와 찬미로 당신의 심령으로 주님께 노래할 때 당신은 주님을 섬기고 있는 것입니다.

하나님은 우리가 하나님을 계속하여 찬미하는 영을 유지하기를 원하십니다. 왜냐하면 우리가 3장에서 본 것 같이 성경은 우리가 하나님의 제사장이라고 말합니다. 제사장들은 찬양의 제사를 하나님께 계속하여 드려야 합니다. 우리는 지속적으로 우리 심령에 찬미를 가지고 하나님께 찬양을 드려야 합니다. 그것이 주님을 섬기는 것입니다.

당신이 성령 충만하기 때문에 당신의 심령 속에 노래가 있고 당신은 찬미하는 것입니다. 다른 말로 하면, 당신은 당신 속에 노래를 가지고 있습니다. 그리고 당신이 계속하여 성령 충만해 있으면 당신의 삶에 신선한 기름부음을 유지하게 될 것이고 당신이 찬미하는 것을 아무 것도 막을 수 없을 것입니다.

당신이 세상에서 가장 좋지 않은 소식을 들었더라도 당신이 성령으로 충만하다면 당신의 상황과 상관없이 당신의 심령에는 찬미가 있게 됩니다. 당신의 심령에 노래가 있다면 아무것도 당신이 찬미하는 것을 막을 수 없습니다. 당신은 마귀의 얼굴에 대고 웃을 수 있습니다. 당신이 지금 통과하고 있는 시험이 끝났기 때문입니다. 보통 사람은 분명히 넘어지고 말 어떤 시험이나 상황에도 불구하고 당신은 웃고 노래하며 행복해 할 것입니다.

우리는 보통 사람들이 아닙니다. 우리는 성령 충만한 사람입니다. 우리는 초자연적인 사람입니다. '초자연적'이라는 말은 자연적인 것을 초월하는 사람이라는 말입니다. 자연적인 것들이 보통 사람에게 영향을 주듯 우리에게 영향을 줄 수는 없습니다. 자연적인 일들이 보통 사람을 끌어 내리듯 우리를 끌어 내릴 수는 없습니다. 우리가 성령 충만하고 우리 심령에 찬미가 있다면 상황이 우리를 끌어 내릴 수 없다는 말입니다. 우리가 초자연적인 사람들이기 때문에 우리는 신선한 기름부음을 받아서 어려운 환경에서라도 빛을 유지할 수가 있습니다.

제 7 장

역경에서 빛을 유지하기
(Maintaining the Glow In Adverse Circumstances)

  소위 '믿음의 말씀'을 가르치는 사람들이 마땅히 강조를 해야 할 부분을 강조하지 않은 것 같습니다. 어떤 사람들은 하나님을 믿으면 불행한 일이 전혀 오지 않을 것이라고 생각하는 것 같습니다. 어떤 사람들은 만일 당신에게 믿음이 있으면 마치 꽃침대를 타고 떠내려가듯 인생을 쉽고 편하게 살 것처럼 가르쳐 왔습니다.

  그러나 당신이 하나님을 위하여 살면, 그냥 흘러가는 물에 떠내려가듯 저절로 가는 것이 아니라 때로는 물결을 거슬러 헤엄쳐 올라가야 할 때도 있습니다! 인생에는 물결을 거슬러 헤엄쳐 올라가야 할 때도 있습니다! 어떤 때는 모든 일이 다 반대편으로 가는 것 같지만 당신은 물을 거슬러 올라가야만 하는 때도 있는 것입니다. 믿음으로 행하는 일은 항상 쉬운 일은 아닙니다.

  나는 1949년과 1950년에 하나님이 나를 순회 사역으로 부르신 후의 경험들을 아직도 잘 기억하고 있습니다. 그 처음 몇 년간, 하나님은 얼마동안 여러 교회를 돌아다니며 집회를 하라고 말씀하셨습니다. 나는 하나님께 순종하려고 했습니다. 그래서 나는 여러 교회로 다니며 교회 집회 혹은 부흥 집회들을 했습니다.

나는 어떤 목사님이 자신을 위해 집회를 해달라고 부탁한 것을 기억합니다. 나는 이렇게 생각했습니다. "오, 주님 나는 그 목사를 위해서 집회를 인도하고 싶지 않습니다." 사람이 많이 모인 회의장에서 나는 그 목사님이 믿음과 치유를 가르치며 나와 같이 성령의 은사를 통하여 영적인 치유의 집회를 인도하는 목사들을 비난하는 것을 들었던 것입니다.

그 당시 나는 "저 목사가 나도 그 같은 집회를 하는 것을 알텐데"라고 생각했습니다. 그렇게 말하고 난 후 얼마 있다가 그가 나를 그의 교회로 와서 집회를 해 달라고 초청한 것이었습니다. 나는 기도했습니다. "주님 나는 그의 교회에 가기를 원치 않습니다. 왜냐하면 내가 가르치는 믿음과 치유가 그에게 걸림돌이 될 것이기 때문입니다. 그는 밭고랑을 한쪽으로만 파 놓았던 것입니다. 그리고 내가 그의 교회로 가면 나는 밭고랑을 다른 쪽으로 파놓는 격이 될 것이기 때문입니다. 하나님은 내가 그의 교회로 가는 것을 원하시지 않으실 텐데요."

주님은 내게 말씀하셨습니다. "나는 네가 가기를 원한다."
"사랑하는 주님, 제발 나를 거기 보내지 마세요. 그 목사님은 나이가 많으신 분입니다. - 그분은 나의 아버지가 될 만큼 연세가 많으십니다. 나는 정말 가기가 싫어요"라고 내가 말했습니다.

내가 기도하면 할수록 주님은 내게 말씀했습니다. "나는 네가 가기를 원한다."

결국 나는 순복했습니다. "좋습니다. 가겠습니다." 그리고 갔습니다.

신학교를 졸업한 젊은 두 내외가 나를 돕기 위해 같이 동행했습니다. 아내는 피아노를 치고 남편은 노래를 불러서 집회 찬양을 인도할 수 있었습니다. 그들은 특별한 찬송을 했습니다.

그 목사님의 교회에서 내가 첫날 저녁 설교를 한 후, 이 젊은 내외는 말했습니다. "우리는 목사님이 믿음과 치유에 대하여 가르치실 수 있을는지 걱정스럽습니다. 우리는 이 목사님을 잘 알고 있고 그가 성경적인 믿음과 치유에 대해서 모르고 있는 것을 잘 알고 있기 때문입니다."(그 목사님은 과거에 그녀의 담임목사였습니다.)

나는 될 수 있는 대로 오래 버텼지만 결국 더 이상 버틸 수가 없었습니다. 나는 내 영으로 하나님께서 무엇을 가르치시길 원하시는지 알았습니다. 그래서 나는 어느날 밤 어떤 주제에 대해 성경을 가르치겠다고 광고했습니다.

교회엔 사람들로 꽉 차 있었기 때문에 이 젊은 부부는 보통 때는 강단 위에 올라와 앉아 있었지만 그날 밤 그들은 내려가서 첫째 줄에 앉아 있었습니다. 그들은 나중에 내게 이렇게 말했습니다. "우리는 앞줄에 앉아서 해긴 목사님 바로 뒤에 앉아있는 그 목사님의 얼굴을 보기 원했습니다."

그런 목사님이 강단 위, 바로 내 뒤에 앉아서 불신앙의 입김을 내 뒤로 뿜어내고 있는 중에 믿음을 가르친다는 것은 세상에서 가장 힘든 일입니다. 뒤를 바라볼 필요도 없이 느낌만으로도 알 수 있었습니다. 그것은 어려운 일이었습니다! 그러나 인생의 그런 경험들이 당신에게 유익합니다. 그런 경험들이 당신을 강하게 만듭니다.

어려운 일을 예수 그리스도의 좋은 군병으로 참아내십시오

바울은 젊은 목사 디모데에게 "고난을 참으라"고 말했습니다(딤후 2:3). 모든 일이 잘 되어갈 때 참는 것은 쉬운 일입니다. 일이 잘 풀릴 때는 쉽습니다. 그럴 때는 참을 일이 별로 없습니다. 모든 일이 잘 될 때는 참는 일도 쉽고 빛을 유지하는 일도 쉽습니다. 그러나 바울은 디모데에게 이렇게 말하고 있고 이것은 모든 그리스도인에게도 하는 말입니다. "너는 그리스도 예수의 좋은 병사로 나와 함께 고난을 받으라."

그 목사로부터 불신앙의 뜨거운 입김을 목덜미로 느끼면서 설교를 하는 것은 함께 고난을 참는 것입니다! 그때가 정말 당신이 빛을 유지할 수 있는지를 알아볼 수 있는 기회입니다! 나는 내 뒤에 앉아있던 그 목사의 불신앙을 느낄 수가 있었습니다. 나는 감히 뒤돌아 볼 수 없었습니다. 사실 나는 회중석에 앉아 있는 사람들의 반응을 통해서 그 목사의 반응을 거의 볼 수 있었는데, 회중들은 그들의 목사님의 반응을 살펴보고 있었기 때문입니다.

그리스도 예수의 좋은 병사로 나와 함께 고난을 받으십시오! 나는 40분 정도 계속 파내려갔습니다. 그냥 계속 해야 할 일을 했습니다. 마침내 40분이 지나서야, 내 뒤에 앉아있던 그 목사님이 살아났습니다. 그는 소리를 높여 말했습니다. "아멘!" 그리고 그는 뛰어 일어났습니다. "아멘!" "여러분, 해긴 목사님이 옳습니다. 하나님을 송축합니다. 해긴 목사님의 가르침은 정말 맞습니다! 그는 맞습니다!"라고 그는 말했습니다.

이것이 내가 그런 상황 아래서 설교를 하거나 가르친 유일한 기회는 아니었습니다. 성경적 믿음과 치유를 이해하지 못하던 그 이전에도 이런 일들은 많이 일어났던 것 같았습니다. 여러분, 이런 일이 쉽다고 생각하십니까? 아닙니다! 그러나 당신은 상황의 변화에 상관없이 빛을 유지해야 합니다. 왜냐하면 상황은 언제나 좋은 것만은 아니기 때문입니다. 어떤 때는 하나님이 당신에게 잠시 동안 어려운 일을 요구하실 수도 있습니다.

나는 또 하나의 이런 종류의 경험을 기억합니다. 이번에도 역시 나를 초청하신 교회의 목사님은 나의 아버지와 같은 연

배의 나이가 많으신 분이셨습니다. 그는 그의 교단에서 지도자적인 자리에 있었습니다. 그는 내가 그 교회에서 집회를 갖기 전, 그의 교회에서 회중들에게 이렇게 말했습니다. "목사가 사람들을 강단으로 불러내어 그들의 몸에 어떤 이상이 있다는 것을 이야기 해주는 것, 또 사람들을 불러내서 당신은 '탈장'이다, 뭔가 '파열되었다'고 말하는 것들, 그 사람들은 하나님께서 그렇게 치유하지 않는다는 것을 왜 모를까요."(물론, 그 목사님은 성령의 은사로 사역하는 것을 말하고 있었습니다.) 그 목사님이 나를 초청하여 그의 교회에서 집회를 하게 되었지만 나는 그분이 성경적 믿음과 치유에 대한 원리를 이해하지 못하고 계신 것을 알았습니다. 나는 내가 설교하기 시작할 때 그분과는 반대로 밭을 갈고 있는 것을 알았습니다. 그러나 나는 주님께서 나를 거기 보내신 것을 알았으므로 그대로 밭을 갈았습니다. 나는 계속하여 가르치며 밭을 갈았습니다. 하루 저녁 그곳에 그 목사님이 가장 훌륭한 그리스도인이라고 내게 소개한, 나이가 드신 신사 한 분이 오셨습니다. 그분은 80세가 넘는 분이셨으며, 목사님은 35년 동안 목회를 해 오신 분이시므로 그 80대의 신사 분이 그 목사님께서 아시는 분 중 가장 훌륭한 그리스도인이라고 하는 것은 보통 칭찬의 말이 아니었습니다.

그날 밤 나는 그냥 그 80대의 신사 분을 향해 손으로 가리키며 이렇게 말했습니다.(나는 그분을 개인적으로 알지는 못했습니다. 다만 그 목사님이 간단히 저에게 소개했을 뿐이었습니다.) "주님께서 당신이 이중 탈장이 있다고 하십니다. 당신은 그것 때문에 수술을 두 번이나 했지만 다시 재발하였습니다. 그리고 지금은 이중 탈장이 되었습니다. 내가 틀리면 말해 주시기 바랍니다."

"아닙니다. 당신이 맞습니다"라고 그 신사가 대답했습니다.

"주님께서 나에게 당신을 이 앞에 나오게 하라고 말씀하십니다. 그리고 내가 손을 얹을 때 이중 탈장은 순간적으로 없어질 것이라고 말씀하십니다"라고 내가 말했습니다. 그는 강단 앞으로 나왔습니다. 나는 그에게 손을 얹었습니다. 그러자 이중 탈장은 순간적으로 없어졌습니다. 여러분이 아시다시피 그 목사는 이러한 사역을 이해하지 못합니다. 그는 그의 회중들에게 하나님은 그렇게 사람을 치유하지 않는다고 이미 선언 했습니다. 그 다음 날 밤 그는 일어나서 회중들에게 이렇게 말했습니다. "여러분 들어 보십시오. 나는 여러분이 내가 말하는 것을 잘 들으시기 바랍니다. 내가 틀렸었습니다. 해긴 목사님이 가르치는 것과 그가 사역하는 방법이 옳습니다! 그가 믿음과 치유에 대해서 가르치는 것이 옳은 것입니다! 그가 당신을 불러내거든 앞으로 나오시기 바랍니다. 그리고 그가 나를 불러내면 나도 물론 나갈 것입니다!"

이러한 일들이 당신이 보기에는 쉬웠다고 생각하십니까? 아닙니다. 그렇다 해도 당신은 상황과는 상관없이 빛을 유지해야 합니다. 사람들이 당신에게 무엇이라고 말하는 것과는 상관없이 당신은 빛을 유지해야 합니다. 당신은 때를 만나든지 못 만나든지 당신이 하고 싶든지 하고 싶지 않든지 성령으로 열심을 내야 합니다.

   당신에게 무슨 일이 일어날지라도, 혹은 삶의 환경이 어떻든지 성령 안에서 열정이 있으면 당신의 심령에는 노래가 있을 것입니다. 그러면 어려운 환경 속에서도 성령의 빛을 유지할 수 있습니다.

제 8 장

신선한 기름부음을 받은 자들의 두 번째 특성
(Second Characteristic of Those With a Fresh Anointing)

성령이 계속 충만한 사람의 두 번째 특성을 살펴보겠습니다.

감사를 드리는 것

> 엡 5:20
> 범사에 우리 주 예수 그리스도의 이름으로 항상 아버지 하나님께 감사하며

성경은 우리들에게 몇 가지에 대해서만 감사를 드리라고 권면을 하고 있습니까? 우리에게 모든 것이 좋을 때에만 감사를 드리라고 했나요? 아닙니다. 모든 일에 감사하라고 했습니다. 이것은 마귀가 하는 일에도 하나님께 감사를 드리라는 뜻은 아닙니다. 그러나 모든 상황 가운데 어떤 일이 발생

하더라도 우리는 하나님의 선하심을 바라며 감사드릴 수 있습니다. 우리가 하나님을 믿고 신뢰할 수 있는 또 다른 기회를 주시는 것에 대해서 하나님께 감사해야 합니다. 우리는 하나님께 우리의 믿음을 행사할 수 있는 기회를 주심과 하나님의 신실하심과 의로우심이 우리를 위하여 역사하시는 것을 볼 수 있게 하심을 감사해야 합니다.

성령으로 충만한 그리스도인들은 감사와 찬양으로 충만한 사람들입니다. 그들은 찬양이 충만합니다. 그들은 찬양을 하며 그들의 심령 안에 주님을 위한 찬미가 있습니다. 그리고 그들은 감사와 찬양으로 충만합니다.

성경 어디에서도 하나님께서 그리스도인들에게 불평을 하거나 불만스럽게 투덜거리고 싸우라고 말씀하시는 것을 찾아볼 수 없습니다. 아닙니다. 하나님은 그들에게 감사하라고 말씀하고 있습니다.

"맞습니다. 그렇지만 교회에서는 아무도 나를 알아주지 않아요! 아무도 나를 중요하게 생각하지 않습니다." 하나님께 감사하십시오! "그렇지만 나에게 특송해 달라고 한 적도 없습니다." 하나님께 감사하십시오! "아무도 나에게 헌금위원을 하라고 부탁한 적이 한번도 없어요." 그것에 대해 하나님께 감사하십시오. 하나님께 모든 일을 감사하십시오! 그렇게 하는 것이 모든 상황 속에서 우리의 심령을 하나님을 향해 감사와 찬양으로 충만하게 하는 것입니다.

너무 많은 경우에 사람들은 다른 사람에게 보여지기를 원하며 다른 사람들이 자기 말을 들어주기를 원합니다. 그렇기 때문에 교회에서 일하기를 원합니다. - 그들은 사람들이 자기를 알아주기 원하는 것입니다. 그들은 또 사람들이 알아줄 것을 바라고 노래하기를 원합니다. 어쩌면 그들이 노래를 잘 부르지 못하기 때문일지도 모릅니다! 아무도 당신에게 노래하라고 하지 않은 것에 대해서 하나님께 감사해야 할 것입니다! 당신이 노래를 잘 못한다면 당신은 창피를 당하게 될 것이고 다른 사람들도 민망하게 만들 것입니다.

아무도 내게 노래를 하라는 사람은 없었습니다. 물론, 누구든지 내가 노래하는 것을 들었다면 아마 왜 아무도 내게 노래해 달라고 하지 않았는지 이해할 것입니다! 나는 다른 사람들과 함께 노래를 할 때 외에는 절대로 노래하지 않습니다. 그래도 나는 성경이 요구하는 것을 하기 원하므로 나는 기쁨의 소리를 만들어 냅니다! 나는 한때 성악 레슨을 받은 적이 있습니다. 그러나 그 선생님이 나에게 이렇게 말했습니다. "나는 39년이나 성악을 가르쳤습니다. 나는 전에 이런 말을 다른 사람에게 해 본 적이 없습니다만 내가 당신이라면 노래 배우는 것을 그만 두겠습니다." 이것만이 내가 할 수 없다고 말하는 유일한 것입니다. 나는 노래를 못하지만 나의 심령에는 노래가 있고 주님께 노래를 만들어 드릴 수 있습니다.

"아무도 내게 무엇을 하라고 하는 사람이 없어요!" 하나님께 감사하십시오! 무슨 일이 있든지 감사하는 태도를 유지하십시오. 나는 상황하고는 전혀 상관없이 하나님을 찬양할 것입니다. 나는 어떤 사람들이 나에 대해서 거짓말을 한다면 그것을 부정하느라고 시간을 소비하지 않겠다고 지난 수년 간 말해 왔습니다. 나는 그냥 "주님을 찬양합니다"라고 말하고 하나님을 찬양하고 예배하며 그 길을 계속 갈 것입니다. 나는 어떤 일이나 어떤 사람이라도 나의 기쁨을 빼앗아 가지 못하게 할 것입니다. 나는 그것을 거부할 것입니다!

 나는 내가 기분이 좋든지 나쁘든지 하나님을 찬양하겠습니다. 성경은 찬양의 제사를 드리는 것에 대하여 말하고 있습니다. - 그것은 제사장의 기능 중 일부이고, 우리는 모두 하나님 앞에 제사장으로 부름을 받았다는 것을 이미 배웠습니다. 당신이 성령 충만하다면 찬양의 제사를 하나님께 드리는 것은 세상에서 가장 쉬운 일입니다. 하나님을 찬양하는 것은 아주 자동적으로 됩니다. 이것은 생활의 방식이 되는 것입니다. 당신이 찬양과 감사로 가득찬다면 당신은 스펀지가 물에 잠긴 것과 같을 것입니다. 스펀지는 누가 어디를 눌러도 물이 나오게 되어 있습니다. 이것은 가득 차 있습니다! 약간만 눌러도 물이 나옵니다. 당신이 감사로 가득하다면 무슨 일이 일어나도 감사가 흘러나오게 될 것입니다. 마귀가 당신을 어떻게 누르고 있든지 상관없이 감사가 나올 것입니다. 당신의 삶이 성령으로 계속하여 충만하여 신선한 기름부음을 유지함으로써 이런 일이 가능합니다.

하나님을 향한 찬양은 마귀를 도망치게 만든다

 당신이 거듭나고 성령으로 세례를 받고 계속하여 하나님을 찬양할 때 그것은 기름부음을 가져오고 마귀를 도망가게 합니다! 사람들이 하나님을 찬양하는 곳에 사단은 있을 수 없습니다. 마귀는 그것을 견딜 수 없습니다.

 나는 제 2차 세계 대전 중에 목회하던 교회를 기억합니다. 교인 중에 젊은 청년이 아래와 같은 이야기를 전해 주었습니다.

 이 젊은 청년은 사역을 하기 위해 신학교를 다니고 있었습니다. 여름 동안 설교를 하러 다니면서 가을 학비를 벌고는 했습니다. 그래서 그는 가을에 신학교로 돌아가곤 했습니다. 어느 가을 그는 버스를 타고 신학교로 돌아가고 있었습니다. 버스에는 사람들이 많았습니다. - 버스는 아주 만원이어서 서서 갈 수 밖에 없었습니다.

 버스는 시간보다 늦게 운행되고 있었는데 그는 다음 버스로 갈아탈 수 있도록 도착해야만 했습니다. 만일 그 버스를 놓치면 다음 버스를 타기 위해 상당히 오래 기다려야만 하는 상황이었습니다.

 만원이 된 버스가 그 버스 터미널로 들어가고 있을 때 이 청년은 혼자 생각했습니다. '오, 주님 이 버스가 도착할 때 내가 갈아타야 할 버스는 내가 버스에서 내려 갈아타기 전에 떠나 버릴 것 같습니다.' 많은 사람들이 버스의 뒤쪽에 앉아 있었는데 그들은 상스러운 농담과 거친 말투로 주고받고 있었고, 많은 사람들이 버스 안의 통로를 막고 서 있었기 때문에 그는 빨리 버스에서 내리는 것이 거의 불가능해 보였습니다.

그런 중에 그 청년은 갈아탈 버스가 정류장으로 들어오는 것을 보았습니다. 그 청년은 거기서 내려야 하는 유일한 승객이었기 때문에 빨리 서둘러 내려야 했지만 너무 많은 사람들이 나가는 통로를 막고 서 있었습니다. 그가 의도한 일은 아니었지만 상스럽고 거친 말이 오고가는 속에서 그는 생각 없이 크게 말했습니다. "주님을 찬양합니다! 하나님께 감사합니다! 나는 구원받았습니다!" 그는 혼자서 생각을 했습니다. '오, 주님 내가 지금 그 말을 크게 말했습니까?'

곧 모든 사람들이 말하는 것을 중지하고 그를 바라보았습니다. 그리고 모두들 그를 위해 길을 비켜 주었습니다! 그 모든 사람들이 둘로 갈라지고 뒤로 물러서서 그를 버스에서 내리게 도와주었습니다! 그는 버스의 통로로 행진하듯 걸어 나와 버스에서 내리며 혼자 생각했습니다. '이미 저질러 놓은 일인데 기왕에 하려면 제대로 해야지!' 그래서 그는 버스를 내리면서 다시 크게 말했습니다. "할렐루야, 하나님께 영광 돌립니다! 나는 구원 받아서 너무 기쁩니다!" 그리고 전혀 거리낌 없이 문을 나와서 갈아탈 버스가 떠나기 전에 그 버스로 갈아탔다고 합니다.

그 사람들은 우리가 하나님을 찬양할 때 마귀가 하는 것 같이 반응한 것입니다! 당신이 하나님을 찬양하기 시작하면 마귀는 입을 다물고 뒤로 물러나고 당신의 길에서 비켜설 것입니다! 이 청년이 하나님을 찬양할 때 그 버스에 있는 사람들은 할 말이 없었습니다! 그리스도인들이 하나님을 찬양하는 것을 마귀는 듣기 싫어하므로 마귀도 할 말이 없을 것입니다!

나는 존 오스틴 목사님과 나에게 일어난 일을 이야기 하고자 합니다. 나는 텍사스 주 휴스턴에서 집회를 하고 있었는데 오스틴 목사님이 내 집회에 오셨습니다. 한번은 집회가 끝난 후 오스틴 목사님이 같이 점심 식사를 하자고 했습니다. 그리고 가는 도중에는 자동차 파는 곳에 잠깐 들러 흥정하던 차를 살 수 있도록 흥정을 마치자고 했습니다.

우리는 자동차 파는 곳에 갔습니다. 오스틴 목사님이 사고 싶어하던 차가 있었습니다. 우리가 들어가서 그 차를 보려고 갔을 때 매니저가 와서 그가 도와줄 일이 없냐고 물었습니다. 오스틴 목사님이 "네, 나는 이 차를 사고 싶습니다"라고 말했습니다. 그리고 그 매니저에게 그가 그 전에 흥정을 하던 세일즈맨의 명함에 흥정해 놓은 그 차의 가격이 적혀있는 것을 건네주었습니다.

그 매니저는 그 숫자를 보더니 상스러운 말을 하기 시작했습니다. "우리는 당신에게 이 차를 이 가격에 팔 수 없습니다!" 오스틴 목사는 그가 다른 세일즈맨과 흥정을 할 때 그 가격을 써준 것이라고 말해 주었습니다. 그렇기 때문에 그 차를 사러 온 것이었습니다!

매니저는 다시 한동안 상스러운 말을 계속 했습니다. 그는 매우 키가 큰 사람이었습니다. 오스틴 목사는 키가 그렇게 크지는 않았지만 그 매니저의 얼굴에 들이대고 말하기 시작 했습니다. "영광! 할렐루야! 하나님을 찬양합니다! 하나님께 영광 돌립니다! 주님을 찬양합니다!"

오스틴 목사가 이런 말들을 하자마자 그 매니저는 상스러운 말들을 즉시 중지했습니다. 오스틴 목사는 말했습니다. "나는 당신이 말하는 것만큼 나도 말할 것입니다. 만일 당신이 하나님을 저주하면 나는 하나님을 찬양할 것입니다!" 그 매니저는 그 순간 말하는 것과 행동하는 것이 바뀌었습니다! 그렇게 되자 그는 이 도시에서 가장 종교적인 사람 같이 행동하기 시작했습니다.(오스틴 목사는 그전에 세일즈맨이 적어 준 가격에 그 차를 살 수 있었습니다!)

우리가 하나님을 찬양할 때 마귀는 아주 싫어합니다! 우리 모두는 하나님을 찬양하고 기도할 수 있도록 기름부음을 받았습니다. 당신이 기도할 때 기름부음을 느낄 수 없다면 하나님의 임재 앞에 기름부음이 올 때까지 오래 참고 기다리십시오. 당신이 찬양의 제사를 드린다면, 당신의 기분이 내키지 않아도 하나님을 찬양한다면 기름부음은 올 것입니다.

찬양하는 삶(A Lifestyle of Praise)

P. C. 넬슨 목사님은 나의 인생에 커다란 인상을 남겼습

니다. 그 이유는 그가 침례교의 배경을 가지고 있다는 것입니다. 나는 침례교인으로 태어나서 자랐습니다. 넬슨 목사님은 32년 간 침례교에서 일하셨습니다. 그는 12년간이나 고등교육을 받았습니다. 그 당시 그는 미국에서 가장 교육을 많이 받은 사람 가운데 하나였습니다. 나는 개인적으로 그분 자신이 32개국의 말을 읽고 쓸 수 있다고 하시는 말을 들은 적이 있습니다. 그는 대학에서 언어학을 전공하신 분이었습니다.

나는 넬슨 목사님이 간증하시는 것을 들은 적이 있습니다. 그가 신학대학원을 다닐 때 같은 방을 쓰던 한 사람이 제일 침례교회의 목사였다고 합니다. 그래서 그 친구가 넬슨에게 자기 교회에 와서 설교를 해 달라고 부탁을 했다고 합니다. 그는 아침 예배에 맞춰서 교회에 갔습니다. 넬슨은 이렇게 말했습니다. "제가 강단에 앉아서 별 생각 없이 '하나님을 찬양합니다!' 라고 말했습니다." 그는 최근에 성령으로 세례를 받았던 것입니다. 그는 오래전에 성령으로 거듭났습니다만 최근에야 성령으로 세례를 받았습니다. 넬슨이 "하나님을 찬양합니다"라고 말했을 때 그의 친구는 놀라 일어나 그를 바라보았습니다. 왜냐하면 제일 침례교회에서는 그렇게 하지 않기 때문입니다.

나는 그런 것들을 이해할 수 있습니다. 나도 처음 17년간 제일 침례교회에 다녔으며 그동안 나는 어떤 사람도 "주님을 찬양합니다" 혹은 "하나님께 영광 돌립니다"라고 예배 중에 말하는 것을 들어 본 적이 없습니다. 한두 번 구석에 앉아 계시던 노인들이 신음 소리 같이 내는 것을 들어본 적은 있습니다. 어머니가 그들이 "아멘"이라고 했다고 말해준 적도 있습니다.

어쨌든 넬슨은 말했습니다. "그래도 나는 아무런 생각도 하지 않았습니다. 나는 여러 번 소리를 내어 하나님을 찬양했습니다." 그러면서 그는 소개되었고 강단에 나가서 설교를 했습니다. 예배가 끝난 후 그와 그의 친구가 같이 식사를 하러 가게 되었습니다. 그들이 앉아서 주문한 음식이 오는 것을 기다리고 있을 때 별생각 없이 넬슨은 "주님을 찬양합니다!" 혹은 "하나님께 영광 돌립니다!" 혹은 "할렐루야"라고 말했습니다.

드디어 그의 친구가 말했습니다. "그것이 당신의 습관이구만." 넬슨은 말했습니다. "무슨 뜻인가?" 그는 그 친구가 무슨 말을 하려고 하는지 알지 못했습니다. 그는 자신이 무슨 말을 하고 있었는지 기억하지 못하고 있었기 때문입니다. 당신이 성령으로 충만하게 되면 감사하는 것이 그냥 생활 방식이 되기 때문에 무의식적으로 감사하게 되는 것입니다. 찬양과 감사는 하나님께 자연적인 표현으로 나오게 되어 있습니다.

넬슨은 그의 신학대학원 친구에게 물어 보았습니다. "무엇이 내 습관이라고 말하는 것인가?" "자네같이 항상 하나님을 찬양하는 것 말일세. 그것이 자네의 습관이 되었다고 말하는 것이네." "그것은 내가 성령으로 충만하기 전에는 전혀 없었던 습관이네!"라고 넬슨이 대답했습니다.

넬슨은 성령이 충만했을 뿐만 아니라 성령으로 계속하여 충만한 것을 유지한 것입니다. 그렇기 때문에 하나님을 향한 찬양이 계속하여 그의 입술로 흘러나왔던 것입니다!

당신이 신선한 기름부음을 받을 때, 하나님을 향한 찬양과 감사가 당신의 입으로부터 계속 흘러나오게 됩니다. 당신이 그 당시 통과하고 있는 시험이나 환란 때문에 하나님을 찬양하는 것이 힘들다고 하면, 당신이 하나님께 찬양하고 감사를 시작하여 기쁨과 찬양을 회복할 수 있습니다! 하나님을 향한 감사가 회복될 것입니다! 찬양과 감사가 당신의 입으로부터 다시 흘러나올 것입니다. 당신은 감사와 기쁨으로 가득 차게 될 것입니다.

이 신학대학원 친구가 찬양과 감사가 넬슨의 삶의 방식이 된 것을 알게 되었고, 그것이 그의 생각을 바꾸어 버렸습니다. 비록 그는 제일 침례교회의 목사였지만 그는 성령으로 충만함을 받고 다른 방언으로 말하기 시작했습니다. 분명히 그는 그 습관이 너무 좋아서 그도 그것을 갖기를 원했던 것입니다.

제 9 장

신선한 기름부음을 받은 자들의 세 번째 특성
(Third Characteristic of Those With a Fresh Anointing)

우리는 이미 에베소서 5장 18절에서 21절에 나오는 성령으로 충만한 것의 특별한 특성 세 가지 중 이미 두 가지를 살펴보았습니다 : 초자연적으로 방언으로 말하는 것과 시와 찬미와 그리고 영적인 노래를 말하는 것; 노래하고 심령으로 노래를 주님께 드리는 것; 그리고 하나님께 계속하여 감사를 드리는 것입니다.

서로에게 순종하는 것

이 장에서 우리가 볼 세 번째 특성은 하나님을 경외함으로 서로에게 순종하는 것입니다. 여기에는 진정한 순종이 있습니다. 우리는 서로에게 주님께 하듯 사랑으로 순종합니다.

성경에서 말하고 있는 성령의 충만한 특성 중의 하나는 서로 자원하여 순종하는 것입니다 : "그리스도를 경외함으로 피차 복종하라"(엡 5:21). 성경에서 '피차 복종하라' 고 하는 것은 무엇을 의미하는 말일까요? 이 성경 구절은 사람들이 종종 문맥과 상관없이 빼어내어 잘못 해석하고 있는 구절입니다. 이 성경 구절이 우리가 들어오던 대로 극단적인 순종을 말하고 있는 것일까요? 절대로 아닙니다!

서로 순종한다는 것은 서로 양보한다는 말입니다. 이것은 다른 사람을 서로 지배한다는 말이 절대 아닙니다.

이것은 항상 고집불통으로 자신의 방법을 요구하지 않고 서로가 양보한다는 말입니다. 이것은 오히려 "나는 무슨 일이 있어도 내가 하고 싶은 대로 할 거야!" 혹은 "나는 권리가 있는 사람이고 그 권리를 주장할 거야!"라고 생각하는 것과는 정반대되는 태도입니다. 당신이 구원을 받고 성령 충만하다면 당신은 그런 태도를 극복해야 합니다. 당신은 당신의 말대로 되도록 주장하는데 흥미를 잃게 될 것입니다.

대부분의 그리스도인들은 다른 사람들이 그들에게 순종해야 한다는 것을 100퍼센트 믿습니다. 그러나 그들 자신이 다른 사람에게 순종해야 될 때에 이것은 전혀 다른 이야기가 됩니다. 그들은 갑자기 순종하는 것을 믿지 않는 사람이 되어 버립니다!

성령이 충만하여 넘쳐흐르는 신자들은 다른 사람들에게 순종하는 영이나 태도를 가지게 됩니다. 그 사람들에게는 다른 사람에게 사랑 안에서 순종하고 양보하는 태도를 가지는 것이 어렵지 않습니다. 말하자면 그들은 항상 옳아야만 되는 것이 아니며 마지막 결론을 자기가 하지 않아도 개의치 않는다는 말입니다. 그들은 성령으로 충만하여서 자신들의 권리나 자신들의 방법을 주장하지 않습니다. 그들은 하나님이 원하시는 것을 원하며, 그리고 하나님의 방법은 언제나 사랑입니다. - 언제나 다른 사람을 먼저 생각하는 것입니다.

당신이 성령으로 충만하면 당신은 순종하는 영을 갖게 되고 당신은 언제나 당신의 방법을 주장할 필요를 느끼지 않습니다. 순종이라는 것은 사랑과 온유의 영으로 서로 양보해 주는 것입니다. 당신이 말할 권리를 가지지 않는 것이 더 유익할 때도 있습니다! 어떤 경우에는 당신이 말할 권리가 있음에도 입을 다물고 말 안하는 것이 더 유익할 때가 있습니다.

순종은 깨어지고 겸손한 영을 말합니다. 그리스도인들은 하나님을 경외함으로 서로 순종하는 것을 배워야 합니다. 당신이 성령으로 충만할 때 하나님을 경외함으로 다른 사람에게 순종하는 것은 쉬운 일입니다. 그리고 당신이 성령으로 충만하여 성령의 빛을 발하고 있다면 당신은 사람들과 좋은 관계를 유지할 수 있습니다.

자, 다음의 성경 구절을 주의해서 보십시오.

엡 5:22
아내들이여 자기 남편에게 복종하기를 주께 하듯 하라

사람들은 이 구절을 문맥에서 빼내어 이렇게 말합니다. "아내들이여, 당신은 하라는 대로 해야 합니다. 그렇지 않으면! …" 그러나 이 구절의 '복종'이라는 말은 우리가 앞서 보았던 구절에 나오는 믿는 자들이 사랑 안에서 서로 순종해야 한다는 말과 같은 단어입니다.

우리가 이미 말한 대로 순종이란 서로 양보한다는 뜻이고 항상 모든 일에 마지막 결정을 할 필요가 없다는 의미입니다. 그리고 이것이 서로 지배한다는 뜻은 더욱 아닙니다. 그러므로 성경이 결혼 관계에서 순종을 말할 때는 믿는 자들끼리 서로 지배한다는 뜻이 아닌 것처럼, 이것은 남편이 아내를 철권으로 지배한다는 뜻이 아닙니다. 성경적 순종이란 것은 그리스도인들이 사랑 안에서 서로 순종하면서 잘 지내는 것을 뜻합니다. 우리는 가르침을 잘 받는 겸손한 영을 유지해야 하며 서로를 향해 사랑으로 행해야 합니다.

그러므로 우리는 성령으로 충만한 것의 특성이 사랑 안에서 기꺼이 순종하고, 양보하는 것이라는 것을 알 수 있습니다.

모든 것을 다 안다고 생각하는 태도의 위험성

우리 모두는 배우고자하는 태도로 겸손해야 하고 사랑 안에서 서로 순종해야 합니다. 나는 오랫동안 선생 자신이 누군가에게 배우려고 하지 않는다면 나는 그 선생이 하는 말에

귀 기울이지 않겠다고 말해 왔습니다. 우리 모두는 배우고자 하는 태도의 영을 유지해야 합니다. 나는 항상 기꺼이 배울 준비가 되어 있습니다. 모든 것을 다 안다고 생각하는 영이나 태도는 성경의 가르침과는 상반됩니다.

모든 것을 다 안다는 태도는 늘 "나는 옳고 다른 사람은 다 틀립니다. 나는 다 알고 있으므로 당신은 나한테 아무것도 가르칠 필요가 없습니다. 그리고 내가 오히려 당신들에게 한두 가지 가르쳐 줄 것이 있습니다!"라고 말합니다. 그리스도인으로서 이러한 태도는 상당히 위험합니다! 하나님께서는 그리스도의 몸 안에서 다른 사람을 통하여 당신에게 가르칠 것이 있을 수 있으므로 이러한 태도 때문에 성장하지 못하고 일찍 죽게 될 수도 있습니다.

나는 어떤 목사님이 이와 같은 것을 경험한 일을 기억합니다. 그 목사님은 이미 나를 그의 교회에 와서 집회를 해 달라고 초청을 했고 주님은 내가 가기를 원하신다고 말씀하셨습니다.

"그러나 주님, 나는 그 교회에 가기를 원치 않습니다"라고 내가 말했습니다.

"나는 네가 가기를 원한다"라고 주님은 말씀하셨습니다.

"왜 제가 거기 가기를 원하십니까?"

주님은 말씀하셨습니다. "그 목사는 자기 자신을 잘 분별하여 돌이키지 않으면 죽을 것이다. 그는 겨우 43세이다. 그가 죽기에는 너무 젊다. 그러나 그가 만일 네가 가르치는 아침 집회에 들어가서 나의 말에 귀를 기울이고 실천에 옮긴다면 죽지 않을 것이다 - 그는 살 것이다."

그래서 나는 이 목사님의 초청을 받아들여 그의 교회에 집회를 하려고 갔습니다. 내가 그의 교회에서 하는 집회의 초청 강사였지만 그는 집회에 한번도 참석하지 않았습니다. 그는 너무 바빴던 것입니다! 그는 항상 바빴습니다.

우리는 너무 바쁠 수 있습니다! 이와 같이 우리는 너무 바빠서 다른 사람의 말을 들을 시간도 없어서 가르침을 받지 못할 수도 있습니다. 이 목사님은 너무 바빴습니다. 그는 매일 라디오 프로그램이 있었고 교회도 새로 짓고 있는 중이었습니다. 그는 나를 초청하여 그의 교회에서 이 집회를 인도해 달라고 했지만 그는 그의 교회에서 하는 집회에 한 번도 오지 않았습니다! 한 번도 오지 않았습니다!

결국 그의 아내가 내게 이렇게 말했습니다. "해긴 목사님, 제 남편에게 좀 이야기해주세요. 그래서 낮 집회에라도 오게 해주세요." 생각해 보세요! 담임목사의 아내가 강사 목사에게 담임목사로 하여금 자기 교회의 집회에 오게 해달라고 부탁한 것입니다. 내가 그곳에 가서 나의 집회를 개최한 것이 아닙니다. 나는 초청 강사였습니다. 나는 그분의 교회에 집회를 해 주려고 간 초청 강사였습니다.

나는 그분에게 집회에 좀 나오라고 했지만 그는 항상 바빴습니다. 결국 그 집회가 3주째 접어들었고 나는 그 사모님에게 물었습니다. "왜 저더러 당신 남편에게 이 집회에 오게 해

달라고 부탁하셨습니까?" 나는 그 사모님이 무엇을 알고 있는지 알고 싶었습니다. 왜냐하면 주님은 벌써 내게 그가 돌이키지 않으면 일찍 죽을 것이라고 말해 주셨기 때문입니다. 그는 몇 가지 고쳐야 할 것이 있었고 그렇지 않으면 그는 일찍 죽을 것이기 때문이었습니다. 물론 그것은 하나님의 뜻은 아니었습니다.

그 사모님은 내게 말했습니다. "해긴 목사님, 저는 그가 오전 집회에 가기를 원합니다. 그가 변하지 않는다면 그는 나이가 차기도 전에 일찍 죽을 것입니다."

"당신은 어떻게 그가 죽을 것을 아십니까?"라고 내가 물어보았습니다. "그는 43세 밖에는 되지 않았고 아직 죽기에는 이른 나이인데요."

"제가 그것을 어떻게 아는지 설명할 수 없어요. 그냥 제 마음으로 알아요. 저는 제 속에 그가 죽을 것이라고 알고 있어요."

그래서 나는 주님이 내게 말씀해 주신 것을 말했습니다.

그녀는 "그렇습니다! 저도 그 말이 사실인 줄 압니다. 그리고 저는 꼭 그렇게 될 필요가 없다는 것도 압니다. 우리는 둘 다 안수 받은 목사입니다. 시간이 지나가는 동안 우리는 다른 사람들의 말을 듣지 않게 되었지요. 우리는 다른 사람들이 아는 것만큼 우리도 안다고 생각했기 때문에 다른 사람의 말을 듣지 않았습니다"라고 그녀는 말했습니다.

이런 것은 순종하는 태도가 아닙니다. 그렇지요? 그것은 서로 피차 순종하는 것이 아니고 가르침을 받는 영이 아닙니다. 당신이 겸손하고 가르침을 받는 영을 가지고 있지 않으면 영적인 열정을 갖고 성령 안에서 빛을 발하며 사는 것은 불가능합니다.

"제발, 제 남편에게 꼭 집회에 나오라고 말을 좀 해주세요"라고 그녀는 말했습니다.

나는 또 다시 그에게 말했지만 아무 소용이 없었습니다. 드디어 3주째 되는 수요일이었습니다. 집회는 이틀밖에 남지 않았고 이제 이틀 후면 집회는 끝납니다. 우리는 이미 13번의 집회를 가졌습니다. - 그는 13시간의 믿음과 치유에 관한 모든 가르침을 놓쳐 버렸던 것입니다.

아침 집회 후에 나는 그 목사님 부부와 함께 음식점에 갔습니다. 음식점에 앉아 먹으면서 내가 그에게 말했습니다. 나는 만일 내가 마지막 두 집회에 그를 오게 할 수 있다면 그가 말씀을 충분히 받아 그 자신을 돌이키게 할 수 있을 지도 모른다고 생각했습니다. 어쨌든 그가 나이도 차기 전에 죽는 것은 하나님의 뜻이 아닙니다.

이것은 수요일 낮이었고 다가오는 주일날 저녁에 집회를 끝내기로 되어 있었습니다. 나는 벌써 교인들에게 내가 주일날 밤 예배 후에 떠나겠다고 광고를 해놓은 상태였습니다. 나는 100마일 이상 떨어진 곳에서 다른 집회를 하기로 예정되어 있었습니다.

결국 나는 그 음식점에서 그 목사님 부부와 같이 있던 중에 너무 속이 상하고 답답하여 그만 이렇게 말을 터뜨리고 말았습니다. "당신은 당신이 죽으리라는 것을 아세요? 당신은 이제 겨우 43세입니다. 죽기에는 너무 젊은 나이입니다."

"나는 알아요. 나는 죽을 것을 압니다"라고 그는 대답했습니다.

"어떻게 당신은 그것을 알지요?"

"나는 내 속에 내적 증거가 있습니다"라고 그는 말했습니다.

모든 믿는 자들 속에는 증거가 있습니다.

"주님께서 당신이 죽을 것이라고 말씀하셨습니다. 그렇지만 당신은 죽을 필요가 없습니다. 그래서 주님이 나를 당신의 교회에 와서 집회를 하라고 하신 것입니다. 하나님은 당신이 죽을 것이라고 하셨습니다. 그러나 당신이 와서 말씀을 듣고 당신 삶에 그 말씀을 적용하고 주님께서 당신에게 원하시는 대로 변화한다면 죽을 필요가 없다고 하셨습니다"라고 내가 말했습니다.

당신은 그 목사님이 내게 무엇이라고 한 줄 아십니까? 나는 가르침을 받는 영이 없는 것에 대해서 말하고 있습니다. 그는 내게 말했습니다. "해긴 목사님, 나는 하나님께서 나를 인도하셔서 당신으로 하여금 우리 교회에서 집회를 하게 한 것을 알고 있습니다. 나는 우리 교인들에게 당신 말씀을 들을 수 있는 기회를 주기 원했습니다. 그리고 나는 당신의 가르침이 옳은 것도 압니다. 나의 아내가 매일 듣고 집에 와서 당신이 집회에서 무엇을 가르쳤는지에 대하여 내게 말해줍니다. 나는 당신의 가르침이 옳다고 생각합니다. 그러나 만일 내가 집회에 참석한다면 나는 내가 잘못되었고 당신이 옳다는 것을 인정해야 합니다. 그런데 나는 내가 잘못된 것을 인정하기 보다는 차라리 죽는 편을 택하겠습니다."

그 목사가 내게 그렇게 말했을 때 - 이것은 마치 어떤 사람이 내 뒤에 서 있다가 말을 하는 것 같았습니다 - 주님께서 말씀 하셨습니다. "그는 오는 주일 밤으로부터 일주일 되는 날 강단에서 쓰러져 죽을 것이다." 그리고 정말 그렇게 되었습니다. 그는 그 주일 밤으로부터 꼭 일주일 되는 날 강단에서 쓰러져 죽었습니다.

왜 그런 일이 일어났을까요? 그것이 하나님의 최선이었을까요? 아닙니다. 그러나 그 목사님은 가르침을 받는 영이 없었던 것입니다! 그는 하나님이 그를 위하여 준비한 것을 받지 않았고 그의 삶에 필요한 변화를 거부했던 것입니다. 그는 순종적이고 가르침을 받는 영을 가지지 못했습니다. 당신은 이렇게 물을 것입니다. "그는 구원을 잃어 버렸습니까? 그는 죽어서 지옥에 갔습니까?" 아닙니다. 하나님께 감사드립니다! 그는 천국에 갔습니다. 그러나 그는 하나님이 그를 위해 마련하신 최고를 놓쳤습니다.

나는 하나님의 최고를 원합니다. 당신은 그렇지 않습니까? 나는 두 번째 좋은 것으로는 만족하지 못합니다.

가르침을 받는 영을 유지하기
(Maintain a Teachable Spirit)

가르침을 받는 영이란 순종하는 영입니다. 나는 언제나 기꺼이 배우기를 원합니다. 당신은 어떻습니까? 나는 다른 사람의 생각이나 의견을 배우는 것에 대하여 말하고 있는 것이 아닙니다. 나는 어떤 사람의 생각도 성경으로 증명되지 않으면 받아들일 수 없습니다. 나는 어떤 사람들이 성경 구절을 그 문맥에서나 장면에서 뽑아내어 어떤 황당한 이론을 증명하려고 꾸며내는 억지의 개념을 말하는 것이 아닙니다. 당신은 성경의 구절을 문맥에서 뽑아내어 당신이 말하기 원하는 것을 성경이 말한다고 할 수도 있습니다. 그러나 나는 그것을 말하고 있는 것은 아닙니다.

그러나 만일 어떤 사람이 하나님의 말씀으로부터 빛과 계시를 가지고 온다면 나는 받아들이겠습니다. 나는 하나님의 말씀의 빛에 거할 준비가 되어 있습니다! 그러나 어떤 사람들은 배우려고 하는 영이 없기 때문에 당신이 하나님의 말씀을 전할 때 기분 나빠합니다. 구원받고 성령으로 충만함을 받은 사람들인데도 말입니다!

그리스도인들은 배우려고 하는 태도의 영을 가져야 합니다. 배우려고 하는 영을 갖지 못하면 우리를 향한 수많은 하나님의 축복을 놓칠 수 있습니다.

만일 내가 하나님으로부터 배우려고 하는 태도가 없었거

나 마음이 열려있지 않았더라면 나는 하나님이 내게 전하여 주고자 하시던 값진 영적인 진리를 놓칠 뻔한 사건을 기억하고 있습니다. 나는 집회에서 어떤 목사님의 말씀을 듣고 있었습니다. 나는 곧 어떤 성경적 진리에 대한 그의 가르침과 이해가 정확하지 않다는 것을 알 수 있었습니다. 그리고 그의 가르침에서 소위 '믿음'의 말씀이라는 것에 대하여 멸시하는 언급을 하고 있었습니다. 그것은 그가 정말로 성경적 믿음에 대하여 이해하지 못하고 있다는 것을 나타내고 있었습니다. 나는 그가 하나님의 말씀에 대하여 무지한 것으로 마음이 상할 수도 있었고 나의 마음을 닫고 더 이상 그가 말하는 것을 받아들이지 않을 수도 있었습니다. 그러나 나는 마음을 열어놓고 긍정적으로 생각하며 나 혼자 말했습니다. '그가 잘못 표현한 것일 수도 있어.'

열린 마음을 가지고 긍정적으로 생각하는 것은 배우려고 하는 태도의 영을 유지하는 한 방법입니다. 우리가 마음이 상해서 다른 사람의 말을 듣지 않고 마음을 닫아 버린다면 하나님께서 우리를 위하여 준비하신 수많은 축복을 놓칠 수도 있습니다. 예를 들어서 이 특별한 경우에 내가 20년 이상 오랫동안 알려고 노력하던 영적인 질문이 있었습니다. 그러나 그 목사님이 그런 멸시하는 언급을 한 후 5분이나 10분도 채 되지 않아 성령님은 바로 그 목사님을 통하여 그 질문에 대한 답을 주셨습니다.

그 후, 나는 혼자 생각했습니다. '내가 만일 그 목사가 말하는 것에 대하여 마음의 문을 닫아 버렸다면 어떻게 되었을까? 만일 내가 그를 향하여 마음을 닫고 더 이상 듣지 않았더라면? 나는 아직도 그 답을 얻지 못했을 거야!' 내가 마음이 상해서 그 목사님에 대하여 내 마음을 닫았더라면 하나님은 그 사람을 사용하여 내게 영적인 진리를 가르쳐 줄 수 없었을 것입니다. ; 나는 그 사람으로부터 무엇이든 받을 수 있도록 열려있지 않았을 것이기 때문입니다. 그러나 나는 가르침을 받을 상태였으므로 그가 나와 같은 생각을 가지고 있지 않았지만, 어떤 부분에서는 그가 나만큼 빛을 가지고 있지 못했지만, 하나님은 내가 애쓰고 노력하던 주제에 대한 답을 그 사람을 통하여 내게 주실 수 있었던 것입니다. 나는 수년간이나 주장해 왔지만 이것은 계속 반복할만한 것입니다. - 당신은 불쾌해하지 않으면서 동의하지 않을 수 있습니다.

동의할 수 없지만 불쾌해하지는 않기

내가 젊은 목사였을 때 그 당시 지역 교회에서는 교회의 필요나 하나님의 인도와는 상관없이 매 3개월마다 한 번씩 부흥회를 갖는 것이 관습이었습니다. 그 당시 모든 지역 교회들이 그렇게 했습니다. 그래서 우리도 매 3개월마다 부흥회를 했습니다. 부흥회는 항상 강사 목사님을 불러서 했는데 적어도 2주일이나, 어떤 때는 더 오래 하기도 했습니다. 그리고 3개월이 지나면 다시 부흥회를 시작했습니다.

그래서 우리 교회에서는 일년에 적어도 4번의 부흥회를 하곤 했습니다. 특별 강사 목사님이 오셔서 사역을 하시며 설교를 하시거나 어떤 때는 주말에만 오셔서 설교를 하곤 하셨습니다. 일년 동안 우리들의 교회에 꽤 많은 강사 목사님들이 다녀가신 것을 당신도 쉽게 알 수 있을 것입니다. 그 모든 강사 목사님들 중에서 내가 100% 다 동의할 수 있었던 목사님은 한분도 없었습니다. 물론 우리는 성경적 기본 교리들에 대하여는 다 동의하는 바였습니다. 그분들은 내가 한 것과 마찬가지로 주 예수 그리스도의 복음을 설교하곤 했습니다. 그러나 나는 그분들 중 누구와도 아주 작은 일에까지 100% 동의할 수 있는 사람은 한 사람도 없었습니다. 한 사람도 없었던 것입니다! 그러나 나의 강단에서 설교를 한 그 모든 강사 목사님들과 모든 일에 다 동의하지 않는다고 해서 내가 집회 중간에 일어나 "당신은 그런 것에 대해서는 잘못 알고 계십니다. 내가 고쳐 드리겠습니다!"라고 말하지 않았습니다.

사실 나의 12년의 목회 기간 동안을 살펴보면 내가 모든 일에 있어서 도무지 동의할 수 없는 한 목사님이 있었습니다. 그렇지만 다른 부흥회들보다 그의 부흥회에서 더 많은 사람들이 구원 받고 성령으로 충만함을 받았던 것입니다!

그리고 일이년이 지난 후, 나도 영적으로 성장하여 다른 목사님들과 다른 부분에서 더 많이 동의할 수 있게 되었습니다. 내가 틀린 것이었고 그들이 맞았던 것을 보게 되었습니다. 그러나 어떤 목사님들은 그때도 동의할 수 없었고 지금도 동의할 수 없습니다. 그러나 그분들이 나와 똑같이 믿지 않는다고 해서 그들이 훌륭한 그리스도인이 아니거나 혹은 그분들이 복음적인 훌륭한 목사님들이 아니라고 할 수는 없습니다. 그러나 다시 한번 말하는데 우리는 동의하지 않는다고 불쾌할 이유가 없습니다!

나는 어떤 목사님들이 그 강단에서 심한 교리적인 잘못을 고치지 않고 설교하는 것을 허락하는 것에 대하여 말하고 있는 것이 아닙니다. 그것은 성경에 위배되는 것입니다. 왜냐하면 성경은 우리에게 건전한 교리를 택해야 한다고 말하고 있기 때문입니다(딛 1:9, 2:1; 살전 5:21). 나는 작은 문제에 있어서 동의하지 못하는 것에 대하여 말하는 것입니다. 우리는 작은 부분들까지 모두 동의할 수는 없습니다. 그러나 우리는 동의하지는 않지만 유쾌하게 사랑으로 행하고 서로 가르침을 받는 영을 유지할 수 있습니다!

만일 하나님께서 우리 모두가 삶의 모든 면에서 완전해질 때까지 기다리셔야 했다면, 혹은 우리가 영적으로 완전히 성장하여 하나님의 말씀의 지식에서 완전할 때까지 기다리셔야 우리를 사용하실 수 있었다면, 하나님은 우리들 중 아무도 사용할 수 없었을 것입니다! 그러나 나는 하나님께서 당나귀를 사용하여 발람을 생각나게 하시며 그의 영적 주의를 집중시키는 데 사용하셨다는 성경 구절을 보면서 항상 큰 용기와 위로를 받습니다(민 22:21-35). 만일 하나님이 당나귀를 사용하실 수 있었다면 하나님은 나를 사용하실 수도 있을 것입니다. - 혹은 그리스도의 몸에 속한 어떤 사람이라도 사용하실 수 있습니다!

가르침을 받는 영을 유지하십시오. 당신의 삶에서 성령의 빛을 유지하는 데 도움이 될 것입니다! 당신의 삶에서 가르침을 받는 영을 유지하지 않고는 성령으로 충만할 수 없습니다.

성경적인 교정에 순종하기
(Submit to Scriptural Correction)

우리가 가르침을 받고 순종하는 영을 유지해야 할 또 다른 분야가 있습니다. 나에게 찾아와서 그들의 '계시'를 말하려고 하는 사람들이 많이 있었습니다. 나는 그들에게 말했습니다. "나는 당신의 계시에 대하여 듣겠습니다. 그러나 나는 하나님의 말씀의 빛에 비추어 판단을 해야 합니다. 그리고 하나님의 말씀은 '예언하는 자는 둘이나 셋이나 말하고 다른 이들은 분별할 것이요' 라고 가르치십니다"(고전 14:29).

이런 사람들 중 어떤 사람들은 가르침을 받는 영이 없었습니다. 그들은 그들의 계시가 판단 받는 것을 좋아하지 않았습니다. 내게 와서 말한, 가르침을 받는 영이 없던 사람들은 그들의 계시가 판단 받는 것을 절대 허락하지 않았습니다. 그들 중 몇 사람은 나에게 이렇게 말했습니다. "나는 나의 계시가 판단을 받게 하지 않을 것입니다!"

나는 가르침을 받을만한 영이 없는 그런 사람들에게 이렇게 말합니다. "그러면 그만 두십시오. 당신들은 성령으로 충만해야 합니다. 그래야 당신들의 계시가 하나님의 말씀의 빛에 의해서 판단 받도록 기꺼이 순종하게 될 것입니다."

"아닙니다. 나는 나의 계시를 판단 받게 할 수는 없어요! 나는 당신과 마찬가지로 성령 충만합니다. 나는 그것을 증명할 수가 있습니다!"

그렇습니다. 나와 같이 성령이 충만한 것을 증명하기 위하여 나를 비판하겠다는 사람들도 있었습니다! 그들은 그들이 성령 충만하다고 주장합니다. 그러나 나는 그런 영으로는 충만해지고 싶지 않습니다! 그것은 잘못된 영입니다. 그것은 마귀적인 영입니다.

그 사람들이 옳은 영을 가지고 있다면 그들은 잘못된 것이 지적되고 교정되는 것에 대하여 조금도 상관하지 않을 것입니다. 우리가 사람들을 교정할 때 옳은 방법으로 교정하도록 주의해야 된다는 말은 맞습니다. 사랑과 친절의 영으로 해야 합니다. 그러므로 우리는 하나님을 경외함으로 서로 순종해야 하는 것입니다. 그리고 배우려는 태도의 영을 피차가 소유해야 하는 것입니다. 성경은 또 "모든 것을 증명하라" 그리고 "모든 것을 품위 있게 하고 질서 있게 하라"(살전 5:21, 고전 14:40)고 말하고 있습니다. 만일 사람들이 옳은 영을 가지고 있다면 그들은 그들의 계시가 하나님의 말씀으로 면밀하게 검사를 받는 것을 두려워 할 필요가 없습니다.

품위 있고 질서 있게

품위 있고 질서 있게 하는 것에 관해서는, 내가 가 보았던 교회 중에서 텍사스 주의 파사디나에 있는 J. R. 굳윈 목사님 내외분께서 목회를 하시던 교회가 제일 질서 있는 교회였다고 생각합니다. 굳윈 목사님은 이미 소천하셔서 주님과 같이 계시지만 그분은 훌륭한 목사였고 교사였습니다. 내가 굳윈 목사님 내외의 교회에 갔을 때 그 목사님은 내게 이렇게 말했습니다. "만일 우리 교인 중에서 누구든지 주님께로 받은 것이 있으면, 방언이나 통변, 또는 예언, 혹은 지식의 말씀이 오면, 그들은 손을 들 것입니다. 당신이 강단에 올라가 있을 때 당신이 그 사람을 인정하고 세우기 원하시면 그렇게 하십시오. 그러나 세우기 원치 않으면 세우지 않으셔도 좋습니다. 아무도 그것으로 인해 조금의 상처도 받지 않을 것입니다. 나는 사람들에게 가르침을 받는 태도와 영적인 권위에 대하여 순종하는 것을 가르쳐 왔습니다."

굳윈 목사님은 교인들에게 가르침을 받는 태도와 순종하는 태도를 가르쳐 주셨던 것입니다. 나는 또 굳윈 목사님의 교회가 내가 본 중에서 가장 성령 충만한 교회라고 생각합니다. 그것은 바울이 에베소서 5장 18, 21절에서 말한 것과 같은 맥락입니다. "성령으로 충만 하라 … 너희가 서로 순종하라…" 당신이 계속하여 성령으로 충만하면 – 당신이 성령의 신선한 기름부음을 당신의 삶에 유지한다면 – 당신은 순종하는 겸손한 영을 가지게 됩니다.

교회에 합당한 질서에 대하여 바울은 이렇게 말했습니다. "모든 것을 품위 있게 하고 질서 있게 하라"(고전 14:40). 당신이 이것을 잠시 분석해 본다면 바울은 이것을 교회의 영적인 은사를 사용하는 것과 관련하여 말한 것입니다. 만일 그가 성령의 은사의 사용이 질서 있게 될 수 있다고 말했으면 이것은 또한 무질서하게 사용할 수도 있었다는 의미입니다.

그렇기 때문에 굳윈 목사님이 나에게 그렇게 말했던 것입니다. "당신이 강단에서 가르칠 때 하나님께로부터 무엇을 받았다고 생각하는 사람들을 세우기 원하신다면 좋습니다. 그렇게 하십시오. 그러나 그렇게 하는 것을 원치 않으신다 해도 그 사람들은 마음이 상하지 않을 것입니다." 그들은 겸손하고 순종하는 영이 있었던 것입니다. 그들은 가르침을 받을만한 상태였고, 그들은 영적 권위를 인정했던 것입니다.

교회에서 집회를 인도하는 사람이 성령으로 영감을 받아 집회를 인도하고 있다면 성령님 자신이 그 자신의 역사를 방해하지 않을 것은 당연한 이치입니다. 내가 굳윈 목사님 교회에서 가르칠 때 어떤 사람들이 가끔 손을 들었습니다. 그리고 나는 그들에게 분명히 무엇인가 있다는 것을 알았습니다. 그러나 다른 면으로 살펴보면 내가 그 집회를 인도하고 있었고 나도 내 영에 무엇인가를 가지고 있었던 것입니다. 나는 성령님이 그 집회를 통하여 무엇을 하시고자 하는지 정확히 알고 있었습니다.

하나님은 그 집회를 주관하는 사람에게 그 집회를 통해 하나님께서 무엇을 하시고자 하는 지를 숨기지 않을 것입니다. 그러나 그 모든 사람들이 일어나 그들이 원하는 것을 다 하고자 한다면 당신이 본 것들 중에서 가장 어지럽고 무질서한 집회가 될 것입니다. 그러나 또 다른 종류의 집회도 있습니다. 이것은 믿는 자들의 모임에서 더욱 합당할 것입니다.(여러 가지 다른 종류의 모임에 관하여는 케네스 해긴 목사님의 저서 "계획과 목적과 추구"를 참조하십시오.)

겸손하고 가르침을 받는 태도를 유지하는 것과 성령으로 계속 충만한 것이 얼마나 중요한 일인지 여러분이 알 수 있습니다. 에베소서 5장 18-21절에 나오는 특징으로 살펴보면 누가 성령으로 충만하여 넘쳐 흘러나오는지는 명백하지 않습니까? 당신이 성령으로 충만하다면 당신의 심령에 노래가 있고, 계속하여 하나님께 감사할 것입니다. 당신이 순종하고 가르침을 받는 영이 있다면 당신은 사람들과 화합할 수 있습니다. 그것은 하나님을 기쁘시게 할 것입니다!

초대 교회의 그리스도인들이 이러한 분위기 가운데 모여 기도할 때, 사도행전 4장 31절에서, 그들이 모인 곳이 진동했고 그들이 모두 성령으로 재충만 받은 것은 당연한 일 아니겠습니까! 그 중에 몇 명이 신선한 기름부음을 받았다고요? 그들 모두입니다. "빌기를 다하매 모인 곳이 진동하더니 무리가 다 성령이 충만하여 담대히 하나님의 말씀을 전하니라."

그 그리스도인들이 신선한 기름부음을 받기 위해서 무엇을 했습니까? 그들이 불평하고 싸우고 불만스러워 했습니까? 아닙니다. 그들은 통성으로 기도했습니다. 그리고 그들이 시와 찬미와 신령한 노래로 서로 화답했습니다. 그들은 계속 찬미하면서 주님을 향해 그들의 심령 속에 노래를 가지고 있었습니다. 당신이 불평하고 싸우고 불만이 많다면 당신은 신선한 기름부음이 필요합니다! 당신들이 서로 순종하지 않는다면, 다른 사람들이 당신을 알아주지 않는 다고 화를 낸다면, 혹은 당신 자신이 항상 옳다고 생각한다면 – 당신은 신선한 기름부음이 필요한 것입니다!

죽은 형식주의와 신선한 기름부음

전 10:1
죽은 파리들이 향 기름을 악취가 나게 만드는 것 같이 적은 우매가 지혜와 존귀를 난처하게 만드느니라

'기름' 이라는 말을 주의해 보십시오. 그것은 라틴어의 '기름부음' 이라는 단어에서 온 것입니다. 킹 제임스 성경의 관주에서는 '죽은 파리' 라는 말에 관주가 있습니다. 이것은 '죽음의 파리들' 입니다.

거듭나기 전에 우리는 영적인 죽음에 속해 있었습니다. 즉 우리는 하나님으로부터 분리되어 있었다는 말입니다. 그러나 우리가 거듭난 후에 우리는 영적인 죽음에서 구원 받아

하나님의 사랑하는 아들, 주 예수 그리스도의 왕국으로 옮겨졌습니다. 우리는 우리가 영적으로 죽었을 때 교회 안에 있었던, 냉랭하게 죽어 있던 형식주의가 다시 교회에 들어오게 허락해서는 안 되겠습니다. - 우리가 거듭나기 전에는 우리도 죄와 허물로 죽어 있었습니다.

이것이 바로 우리 교회가 가지고 있는 문제입니다! 교회 안에는 너무 많은 죽음의 형식주의가 숨어있고 이것은 신선한 기름부음 대신 악취가 나는 기름을 만들고 있습니다! 그렇게 해서는 안됩니다. 우리들은 신약 안에서 우리가 하는 모든 일에 하나님의 모형을 찾아서 악취가 나는 기름이 되지 않도록 해야 합니다. 만일 우리가 하나님의 모형을 좇아서 항상 성령의 충만함을 지속한다면 신선한 기름부음은 우리 안에 거할 것입니다. 그리고 우리는 하나님의 영광으로 가득 찬 저수지가 될 것입니다!

당신이 성령으로 충만하고 신선한 기름부음을 유지한다면 당신의 심령에는 노래가 있을 것입니다. '죽은 파리'가 아니라 노래가 있게 된 것입니다. 신선한 기름부음입니다. 악취가 나는 기름이 아닙니다! 당신의 심령에 노래가 있다면 이것은 밖으로도 나타나게 됩니다. 당신의 얼굴에도 보입니다. 당신이 행복하다고 말을 할 필요가 없습니다. 당신의 안색에 나타날 것이기 때문입니다!

성령의 충만함을 계속 유지하십시오! 시와 찬미와 신령한 노래로 서로 화답하십시오. 하나님의 임재에 충분히 거하셔서 당신의 심령으로부터 하나님께 계속하여 흘러나오게 하십시오. 당신이 성령의 신선한 기름부음으로 충만하다면 감사와 노래하는 심령이 당신의 생활 방식이 될 것입니다. 그리고 당신은 순종하고 가르침을 받는 영이 있을 것입니다. 당신은 당신의 삶에 하나님으로부터 악취가 나는 기름이 아닌 신선한 기름부음이 있을 것입니다!

스미스 위글스워스 목사님은 이렇게 말한 적이 있습니다. "나는 성령 세례를 받고도 하나님을 향한 갈급함을 잃어버린 사람보다는 성령 세례를 받지 못한 사람이라도 하나님을 향해 갈급함이 있는 사람들이 교회에 꽉 차 있는 것이 좋다고 생각합니다." 하나님을 향한 갈급함을 잃어버린 사람들은 전도서 10장 1절의 말씀을 나에게 생각나게 합니다. "죽은 파리들이 향 기름을 악취가 나게 하는 것 같이 적은 우매가 지혜와 존귀를 난처하게 만드느니라." 영적으로 말할 때 사람들도 악취가 날 수 있습니다.

우리 모두는 신선한 기름부음이 필요합니다! 높은 곳으로부터 기름부음을 받을 때까지 하나님의 임재에 거하십시오. 당신 자신에게 시와 찬미와 신령한 노래로 화답하십시오. 주님께 노래와 찬송을 드리십시오! 이렇게 선포하십시오. "나는 신선한 기름으로 기름부음을 받을 것이다! 주님, 신선한 기름부음을 부어 주시니 감사합니다! 나는 지금 받습니다!"

제 10 장

신선한 기름부음은 알아볼 수 있다
(A Fresh Anointing Is Recognizable)

　영적인 건강은 육체적인 건강과 마찬가지로 분명하게 나타납니다. 당신은 사람들이 몸이 좋지 않을 때를 알 수 있습니다. 그렇지요? 보이는 모습과 행동에 나타나게 됩니다. 당신의 영적인 건강도 이와 같은 것임을 알고 있습니까? 이처럼 사람이 영적으로 건강한지 아닌지도 분명하게 보입니다. 그것을 쉽게 알아볼 수 있습니다. 어떤 사람이 성령 충만해서 성령의 빛이 흘러나오게 되면 누구나 쉽게 알아볼 수 있게 됩니다.

　로마서 12장 11절에서 "영으로 열심히 하라" 혹은 "빛을 유지하라"라고 한 것을 보면 이것은 분명히 알아챌 수 있는 것이 분명합니다. 만일 이것이 쉽게 알아볼 수 있는 것이 아니라면 당신은 빛을 유지하지 못하고 있는지 알 수가 없을 것입니다. 또 성경이 "성령으로 충만함을 받으라"고 말할 때 만일 그것이 알아볼 수 없는 것이었다면 사람들이 성령으로 충만한지 충만하지 못한지 알 수 없을 것입니다.

내가 수년 전에 오순절 운동의 선구자 한 분의 책을 읽어 본 일이 있었습니다. 그는 오래 전에 목회를 했다고 언급하고 있었습니다. 한번은 미국으로 귀국하는 선교사님에게 그의 교회에 와서 설교를 해 달라고 부탁했습니다.

그 당시 사람들은 주로 기차로 여행했습니다. 이 목사님은 귀국하는 선교사님을 맞이하기 위해서 기차역으로 갔습니다. 그 선교사님은 이 목사님을 보자마자 곧 영적으로 무엇인가 문제가 있다는 것을 발견했습니다. 그는 목사님을 처음 만나자마자 "무슨 일입니까?"라고 물었습니다.

목사님은 "아무 일도 없습니다"라고 대답했습니다.

"아니요, 무슨 문제가 있습니다. 무슨 일이 있습니다. 당신은 영적으로 있어야 할 곳에 있지 않습니다. 당신은 지금 정상적이지 않습니다."

"아무 일도 없습니다." 목사님은 계속 주장했습니다.

그 목사님은 후에 이렇게 말했습니다. "나는 그 선교사님을 차에 태워 목사관으로 데리고 갔는데 우리가 그곳에 도착했을 때 벌써 하나님께서는 내가 그분에게 정직하지 못했다고 말씀하시기 시작했습니다. 그래서 그날 저녁 나는 그의 방에 가서 진실을 말했습니다. 내가 그의 방의 문을 두드리자 그가 방으로 들어오라고 했습니다. 나는 솔직히 말했습니다. '당신이 좀 전에 내가 영적으로 있어야 할 곳에 있지 않다고 말씀하셨습니다. 당신은 나의 영적인 건강에 문제가 있다고 말씀하신 것입니다. 내가 영적으로 아무 문제가 없다고 말을 했습니다만 사실은 문제가 있기 때문에 그렇게 말한 것을 회개합니다. 나는 당신에게 진실을 말씀드려야겠습니다.'"

그 목사님은 상당히 큰 도시에 살면서 목회를 하고 있었습니다. 그는 선교사님에게 이렇게 말했습니다. "당신이 떠난 후 수 년 동안 나의 교회는 이 도시에서 유일한 순복음 계통의 오순절 교회였습니다. 그러나 얼마 후 어떤 사람이 이 도시로 이사를 왔습니다.(그 목사님은 그 사람을 '형제' 라고 부르지도 않았습니다.) 그리고 맞은편에 교회를 세웠습니다. 그는 나의 지역에 들어와서 교회를 시작한 것입니다!"

놀란 선교사님은 그 목사님에게 말했습니다. "그렇지만 이 도시에는 수십만 명이나 살고 있지 않습니까!"

그 목사님은 대답했습니다. "당신이 떠난 후 이 도시는 많이 발전했으므로 지금은 사실 그때보다 더 많을 것입니다. 아마도 이 도시에는 내 생각으로는 백만 명쯤 살고 있지 않을까 생각합니다."

선교사님은 놀라서 그 목사님을 바라보았습니다. "당신이 이 큰 도시에 다른 사람이 와서 교회를 개척했다고 해서 화가 나 있었다는 말입니까! 당신은 기뻐해야 했어야만 합니다! 당신은 그 목사 때문에 하나님으로부터 오는 영적 축복을 잃어버리고 당신의 영적 생활에 빛을 잃어버렸다는 말입니까? 당신은 하나님이 그 목사를 이 도시에 보낸 것에 대해서 감사했어야합니다! 당신은 다른 목사들이 와서 이 도시에 다른 교회들을 세우도록 기도했어야 합니다!"

이 목사님의 다른 사람에 대한 작은 감정이 그의 심령 안에 들어가게 됨으로써 하나님으로부터의 축복을 잃어버렸던 것입니다. 그것이 그 목사님의 안색과 그의 영에 나타났던 것입니다. 그것은 알아볼 수 있었습니다. 이 목사님의 영적인 '건강'과 평안이 그 선교사님이 그 목사님을 처음 만나자마자 알아차릴 수 있었던 것입니다. 그 선교사님은 그 목사님이 영적으로 올바른 자리에 있지 않다는 것을 곧 알아차렸습니다.

그 목사님은 나중에 이렇게 말했습니다. "나는 그 선교사님이 하신 말씀이 옳다는 것을 알았습니다. 그래서 나는 그 선교사님이 우리 교회에서 집회를 시작하기 전에 차를 타고 건너편에 있는 교회에 가서 그 목사님에게 사과했습니다. 나는 이렇게 말했습니다. '오셔서 우리와 교제하시기 바랍니다. 그리고 이 도시에 또 다른 교회를 개척하십시다.'"

그 목사님이 개척하기 위해 오신 목사님과 화해를 하자 그들은 둘 다 빛을 유지할 수 있었습니다! 그리고 하나님의 축복이 그들에게 놀랍게 역사하기 시작했습니다.

영적인 건강은 분별할 수 있는 것입니다. 그 선교사님은 영적으로 그 목사님에게 잘못된 것이 있다는 것을 곧 분별했던 것입니다. 무엇보다도 그는 성경에서 말하고 있는 빛이 없었고 성령의 열정이 없었던 것입니다. 그리스도인들은 다른 사람에게 불만이 있는 동안은 성령의 빛을 유지할 수 없습니다.

그 목사님의 심령에 다른 사람에 대한 불만이 있었기 때문에 그는 더 이상 가득찬 저수지가 될 수 없었습니다. 예레미야서 2장 13절을 기억해 보십시오. 터진 웅덩이는 물을 담을 수 없습니다. 용서하지 못함과 불만을 가지고 있는 것은 그릇으로 하여금 금이 가서 물이 새게 합니다! 그 목사님은 텅 빈 웅덩이가 되었습니다. 왜냐하면 그는 다른 하나님의 사람에 대한 반감을 그 심령에 품고 있었기 때문입니다. 그렇기 때문에 그는 빛을 유지할 수가 없었고 성령 안에서 열정을 낼 수 없었습니다! 그의 심령은 하나님 앞에 합당하지 못했던 것입니다. 영적인 건강은 이렇게 분별할 수 있습니다!

충만하여 넘쳐남

성령으로 충만함은 알아볼 수 있습니다! 당신이 성령으로 충만하면 당신의 잔은 넘치고 흘러내릴 것입니다!

시 23:1-6
1 여호와는 나의 목자시니 내게 부족함이 없으리로다
2 그가 나를 푸른 풀밭에 누이시며 쉴 만한 물 가로 인도 하시는도다
3 내 영혼을 소생시키시고 자기 이름을 위하여 의의 길로 인도하시는도다

4 내가 사망의 음침한 골짜기로 다닐지라도 해를 두려워하지 않을 것은 주께서 나와 함께 하심이라 주의 지팡이와 막대기가 나를 안위하시나이다
5 주께서 내 원수의 목전에서 내게 상을 차려 주시고 기름을 내 머리에 부으셨으니 내 잔이 넘치나이다
6 내 평생에 선하심과 인자하심이 반드시 나를 따르리니 내가 여호와의 집에 영원히 살리로다

많은 시편이 예언적이고 또 그 중 많은 시편은 메시아에 관한 것입니다. 다른 말로 하면, 시편은 앞으로 오실 메시아 우리 주 예수 그리스도에 대하여 예언하고 있습니다. 예를 들어서, 당신이 시편 22편을 읽으면 이것은 사실 예수님이 십자가에 못 박혀 죽으시는 것을 묘사한 시편인 것을 알 수 있습니다. 시편 22편 1절에 이렇게 말한 것을 주의해서 보십시오. "나의 하나님이여 나의 하나님이여 어찌 나를 버리시나이까?…" 이것은 예수님이 십자가에서 하신 말씀과 똑같은 말입니다(마 27:46). 시편 22편은 예수님이 죽으시고 죽은 자 가운데서 살아나셨을 때 성취된 것입니다.

우리는 시편 23편 안에 살고 있습니다. 예수님은 선한 목자이십니다. 예수님은 "나는 선한 목자라"고 선포하셨습니다(요 10:11). 시편 23편은 "여호와는 나의 목자시니 내가 부족함이 많으리로다"라고 말하고 있지 않은 것을 주목하십시오! 시편 23편은 "여호와는 나의 목자시니 내가 부족함이 없으리로다"라고 말하고 있습니다. 시편 23편은 하나님께서

기름 부은 자들에게 신선한 기름으로 다시금 기름부음을 받게 하시는 것을 그린 그림입니다. 시편 23편은 우리에게 속한 것임을 기억하기 바랍니다. 만일 그렇지 않다면 앞으로 그 구절을 인용할 필요도 없고 성경에서 그 페이지를 찢어 버리고 읽을 필요도 없을 것입니다. 너무 많은 사람들이 이 시편을 아름다운 낭송시로 인용하곤 합니다. 그러나 아닙니다. 여기에는 그보다 더 중요한 것이 있습니다.

주님이 현재 우리들의 목자이시므로 우리가 시편 23편 안에 살고 있는 것입니다. 그는 우리의 현재형 목자이십니다. 그는 우리의 머리에 기름을 바르십니다. 우리의 잔은 넘쳐흐릅니다. 당신의 잔은 반만 채워져 있습니까? 만일 그렇다면 신선한 기름부음을 받아서 잔을 넘치게 하십시오! "주께서 … 기름을 내 머리에 부으셨으니 내 잔이 넘치나이다!"

당신이 성령으로 충만할 때 당신의 잔은 넘치게 되고 당신은 담대하게 되고 증거가 넘쳐나게 될 것입니다. "나의 잔이 넘치나이다!"

성령으로 담대한 것은 알아볼 수 있다
(Holy Ghost Boldness Is Recognizable)

제자들은 성령으로 충만했고 그들의 '잔이 넘쳤기 때문'에 그들의 삶에 담대함이 있었습니다. 4장에서 제자들은 성전 미문에 앉은뱅이를 치유하게된 것으로 인하여 붙잡혀 심문을 받게 되었습니다. 우리는 이 성경 구절을 성경적 모형으로 수많은 성령의 재충만의 예를 보기 위하여 벌써 살펴보았습니다. 그러나 이번에는 제자들의 담대함을 보기 위하여 다시 살펴보겠습니다.

> 행 4:1-13
> 1 사도들이 백성에게 말할 때에 제사장들과 성전 맡은 자와 사두개인들이 이르러
> 2 예수 안에 죽은 자의 부활이 있다고 백성을 가르치고 전함을 싫어하여
> 3 그들을 잡으매 날이 이미 저물었으므로 이튿날까지 가두었으나
> 4 말씀을 들은 사람 중에 믿는 자가 많으니 남자의 수가 약 오천이나 되었더라
> 5 이튿날 관리들과 장로들과 서기관들이 예루살렘에 모였는데
> 6 대제사장 안나스와 가야바와 요한과 알렉산더와 및 대제사장의 문중이 다 참여하여
> 7 사도들을 가운데 세우고 묻되 너희가 무슨 권세와 누구의 이름으로 이 일을 행하였느냐
> 8 이에 베드로가 성령이 충만하여 이르되 백성의 관리들과 장로들아
> 9 만일 병자에게 행한 착한 일에 대하여 이 사람이 어떻게 구원을 받았느냐고 오늘 우리에게 질문한다면
> 10 너희와 모든 이스라엘 백성들은 알라 너희가 십자가에 못 박고 하나님이 죽은 자 가운데서 살리신 나사렛 예수 그리스도의 이름으로 이 사람이 건강하게 되어 너희 앞에 섰느니라
> 11 이 예수는 너희 건축자들의 버린 돌로서 집 모퉁이의 머릿돌이 되었느니라

12 다른 이로써는 구원을 받을 수 없나니 천하 사람 중에 구원을 받을 만한 다른 이름을 우리에게 주신 일이 없음이라 하였더라
13 그들이 베드로와 요한이 담대하게 말함을 보고 그들을 본래 학문 없는 범인으로 알았다가 이상히 여기며 또 전에 예수와 함께 있던 줄도 알고

제자들은 성령으로 충만했기 때문에 담대하게 행할 수 있었습니다. 하나님의 말씀에는 분명히 베드로와 요한이 교육을 많이 받지 못한 무지한 사람들이라고 말하고 있습니다. 사람들이 알아챈 것은 그 제자들이 많은 신학과 심리학을 알고 있었다는 것이 아니라 예수님에 대한 지식이 있었다는 것이었습니다.

그들은 신학에 대하여는 아무것도 몰랐지만 하나님의 말씀이 육신이 되신 예수님을 알고 있었습니다(요 1:14). 교육이 나쁘다는 것이 아니라 정말 중요한 것은 예수님을 아는 것입니다! 예를 들어서, 바울은 유식하고 교육을 많이 받은 사람이었습니다. 그러나 바울은 "모든 것을 해로 여김은 내 주 그리스도를 아는 지식이 가장 고상하기 때문이라"라고 말했습니다(빌 3:8). 바울에게는 예수님에 대한 계시가 있었습니다.

제자들은 말씀을 알고 있었습니다! 그들은 성령님을 가지고 있었습니다! 이 두 가지가 모든 차이를 만들었던 것입니다. 그들은 말씀을 알았고 성령님을 가지고 있었습니다. 당신이 말씀과 성령님으로부터 멀어진다면 나는 당신이 너무 멀리 갔다고 생각합니다. 그러나 나는 말씀이 우리를 위하여 지금도 역사하고 성령님께서는 초대 교회와 사도시대와 같이 지금도 역사하시는 것을 믿습니다.

제자들은 성령으로 충만했기 때문에 담대함이 있었습니다. "그들이 베드로와 요한이 담대하게 말함을 보고"(행 4:13). 성령으로 충만한 것이 그들에게 담대함을 주었고 담대한 증언이 흘러넘치게 했습니다. 그들은 성령의 충만함으로 영적인 빛을 유지했고 담대하게 증거하는 것이 그들의 생활 방식이 되었던 것입니다. 당신이 성령으로 계속하여 충만하면 당신도 담대하게 증언하게 될 것입니다. "주께서 기름을 내 머리에 부으셨으니 내 잔이 넘치나이다."

그러나 담대한 증언은 핍박을 불러옵니다. 우리는 제자들이 그들의 담대한 증언으로 핍박당했던 것을 읽어볼 수 있었습니다. 그들은 제사장들과 장로들에게 잡혀서 심문을 받게 되었습니다. 그러나 이 핍박은 불을 계속 타오르게 합니다.

> 행 4:23, 24, 29-31
> 23 사도들이 놓이매 그 동료에게 가서 제사장들과 장로들의 말을 다 알리니
> 24 그들이 듣고 한마음으로 하나님께 소리를 높여 이르되 대주재여 천지와 바다와 그 가운데 만물을 지은 이시요
> 29 주여 이제도 그들의 위협함을 굽어 보시옵고 또 종들로 하여금 담대히 하나님의 말씀을 전하게 하여 주시오며

> 30 손을 내밀어 병을 낫게 하시옵고 표적과 기사가 거룩한 종 예수의 이름으로 이루어지게 하옵소서 하더라
> 31 빌기를 다하매 모인 곳이 진동하더니 무리가 다 성령이 충만하여 담대히 하나님의 말씀을 전하니라

제자들이 29절에서 어떻게 기도했는지를 주의해서 보기 바랍니다. "주여 … 또 종들로 하여금 담대히 하나님의 말씀을 전하게 하여 주시오며" 담대함을 위하여 기도하는 것은 좋은 것입니다. 그리스도인들은 그렇게 해야 할 필요가 있습니다. 나는 우리들 대부분이 더욱 담대해 지도록 기도해야 한다고 생각합니다. 제자들이 담대함을 위하여 기도했을 때 그 결과를 31절에서 볼 수 있습니다. "빌기를 다하매 모인 곳이 진동하더니 무리가 다 성령이 충만하여 담대히 하나님의 말씀을 전하니라."

친구들이여, 하나님의 초자연적인 능력이 우리 안에서 퇴색되어 가고 있는 경우가 너무도 많습니다. 성경은 우리에게 "성도에게 단번에 주신 믿음의 도를 위하여 힘써 싸우라"고 말씀하십니다(유 3). 우리는 모든 담대함으로 믿음을 위하여 싸워야 합니다! 초자연적인 것은 하나님의 백성들에게는 자연스러운 것이 되어야 합니다. 만일 우리가 믿음을 위하여 투쟁한다면 초자연적인 것들이 하나님의 백성들에게는 자연적인 것이 될 것입니다.

어떻게 우리가 담대하게 증거할 수 있을까요? 성령의 충만을 계속 유지함으로 할 수 있습니다. 텅 빈 웅덩이가 되기를

원하십니까? 혹은 가득찬 저수지가 되기를 원하십니까? 당신은 신선한 기름부음을 받아서 가득찬 저수지가 될 수 있습니다.

성령으로 충만한 것은 알아볼 수 있는 것입니다! 사람들은 제자들이 예수님과 함께 있었다는 것을 알아 차렸고 그들이 담대히 말씀을 전하므로 성령이 충만한 것도 알았습니다! 당신이 담대함을 잃었다면 당신은 신선한 기름부음이 필요합니다! 신선한 기름부음은 담대하고 넘쳐흐르는 증거를 불러옵니다.

초자연적인 것의 나타남

당신이 성령으로 충만하면 당신의 삶에 하나님의 초자연적인 능력이 나타날 것입니다. 물론 하나님의 능력은 우리가 원하는 대로가 아니라 하나님이 원하시는 대로 나타난다는 것을 우리는 알고 있습니다.

제자들이 하나님의 능력으로 충만했기 때문에 하나님의 초자연적인 능력이 그들 가운데 나타났던 것입니다.

> 행 13:6-12
> 6 온 섬 가운데로 지나서 바보에 이르러 바예수라 하는 유대인 거짓 선지자인 마술사를 만나니
> 7 그가 총독 서기오 바울과 함께 있으니 서기오 바울은 지혜 있는 사람이라 바나바와 사울을 불러 하나님의 말씀을 듣고자 하더라

8 이 마술사 엘루마는(이 이름을 번역하면 마술사라) 그들을 대적하여 총독으로 믿지 못하게 힘쓰니
9 바울이라고 하는 사울이 성령이 충만하여 그를 주목하고
10 이르되 모든 거짓과 악행이 가득한 자요 마귀의 자식이요 모든 의의 원수여 주의 바른 길을 굽게 하기를 그치지 아니하겠느냐
11 보라 이제 주의 손이 네 위에 있으니 네가 맹인이 되어 얼마 동안 해를 보지 못하리라 하니 즉시 안개와 어둠이 그를 덮어 인도할 사람을 두루 구하는지라
12 이에 총독이 그렇게 된 것을 보고 믿으며 주의 가르치심을 놀랍게 여기니라

사람들은 하나님께서 마술사 엘루마를 장님으로 만들어 버렸다고 잘못 말합니다(11절). 아닙니다. 하나님은 엘루마를 질병으로 치시지 않았습니다. 성경은 주님의 손이 그 위에 있었고 그가 맹인으로 얼마동안 있었다고 했습니다. 엘루마는 질병으로 맹인이 된 것이 아닙니다. 하나님의 초자연적인 능력이 그에게 임하자 잠시 동안 눈이 멀었던 것입니다!

제자들이 성령으로 충만했기 때문에 하나님의 초자연적인 능력이 그들이 원하는 대로가 아닌 성령님이 원하시는 대로 그들을 통하여 나타났던 것입니다. 만일 당신이 하나님의 초자연적인 능력이 당신의 삶에서 성령님이 원하시는 대로 나타나기를 원한다면 당신은 성령으로 계속 충만해 있어야 합니다. 물론 당신은 하나님께 순종하는 삶을 살아야 합니다. 그리고 당신은 그냥 앉아서 하나님이 당신에게 무엇을 하도록 만들 때까지 기다려서는 안됩니다. – 하나님이 당신을 성

령으로 충만하게 한다든가 당신을 하나님의 말씀으로 충만하게 하시는 것을 기다리며 앉아 있어서는 안됩니다. 하나님은 당신에게 억지로 무엇을 하도록 하시지는 않을 것입니다. 그러나 하나님의 초자연적인 능력이 당신의 삶에서 역사하기를 원한다면 성령으로 계속 충만하십시오!

오늘날 교회의 극단적인 것들

하나님의 초자연적인 움직임과 성령의 은사의 나타남에 있어서 오늘날 교회에서는 몇 가지 기본적인 문제들과 극단적인 것들이 있습니다. 어떤 사람들은 초자연적인 하나님의 능력이 나타남을 전혀 믿지 않습니다. 그리고 어떤 사람들은 순복음 교회나 오순절 계통에서 과도하고 광신적인 것을 보아왔으므로 한쪽으로 치우쳐 하나님의 영의 초자연적인 움직임을 원하지 않습니다.

그리고 또 어떤 사람들은 반대쪽으로 치우쳐 있습니다. 그들은 자신들이 하나님께 사용받기를 갈망하고 또 그 열망으로 가득 차 있지만 그들에게는 지혜가 부족합니다. 그들은 하나님께서 그들을 사용해 주시기를 원하기는 하지만 하나님의 말씀과 지혜가 부족하기 때문에 다른 한쪽으로 치우쳐 하나님의 역사를 육신적으로 만들어내려고 하는 실수에 빠져있습니다.

성경이 지시하는 대로 합시다! 하나님의 말씀으로만 충만하여 집시다. 우리는 하나님의 말씀이 우리 안에 모든 지혜로 풍부하게 거하게 합시다. 그리고 하나님의 영으로 충만하여 집시다. 말씀이 먼저고 그 다음이 성령님입니다. 우리가 무엇을 하든지, 말이나 행동이 다 주님께 영광 돌리도록 합시다. 우리는 하나님만이 높임을 받고 영광 받기를 원합니다.

제 11 장
말씀과 성령으로 충만하기
(Full of the Word and the Holy Spirit!)

하나님의 말씀과 성령으로 충만한 그리스도인들은 아주 쉽게 알아볼 수 있습니다. 사도행전 6장은 성령으로 충만한 것과 말씀으로 충만한 것을 알아볼 수 있도록 우리들에게 말해 주고 있습니다.

> 행 6:1-6
> 1 그 때에 제자가 더 많아졌는데 헬라파 유대인들이 자기의 과부들이 매일의 구제에 빠지므로 히브리파 사람을 원망하니
> 2 열두 사도가 모든 제자를 불러 이르되 우리가 하나님의 말씀을 제쳐 놓고 접대를 일삼는 것이 마땅하지 아니하니
> 3 형제들아 너희 가운데서 성령과 지혜가 충만하여 칭찬 받는 사람 일곱을 택하라 우리가 이 일을 그들에게 맡기고
> 4 우리는 오로지 기도하는 일과 말씀 사역에 힘쓰리라 하니
> 5 온 무리가 이 말을 기뻐하여 믿음과 성령이 충만한 사람 스데반과 또 빌립과 브로고로와 니가노르와 디몬과 바메나와 유대교에 입교했던 안디옥 사람 니골라를 택하여
> 6 사도들 앞에 세우니 사도들이 기도하고 그들에게 안수하니라

그 당시에는 열두 사도들만이 교회를 섬기던 목사들이었습니다. "우리가 하나님의 말씀을 제쳐 놓고 접대를 일삼는 것이 마땅하지 아니하니"(2절)라고 제자들이 말했습니다. 이렇게 함으로 일곱 사람을 뽑아서 봉사하도록 임명한 것입니다. 이들은 분명히 첫 번째 집사들이었습니다. '집사'는 헬라어의 원어로는 '돕는 사람'이라는 뜻입니다. 그래서 이 사람들이 선출되어 제자들을 돕도록 하여 제자들이 더욱 충분히 말씀을 공부하는 것과 전파하는 일에 힘쓰도록 했던 것입니다.

많은 경우에 오늘날 교회에서 교회 지도자들이 사람들을 뽑아서 어떤 지위나 직임을 주려고 할 때 그들은 그 자리를 맡을 후보자들이 성령으로 충만한지 아닌지, 혹은 언젠가 성령으로 충만함을 받은 적이 있었는지에만 관심을 두고 있습니다. 그들은 이 사람들이 정직하여야 한다는 것과 또 지혜가 충만하고 말씀이 충만한 사람들이어야 한다는 것은 잊어버린 듯 합니다.

우리가 골로새서 3장 16절에서 읽었던 구절을 다시 한번 기억합시다. "그리스도의 말씀이 너희 속에 풍성히 거하여 모든 지혜로 피차 가르치며 …" 성경은 집사의 직분을 맡도록 뽑힌 사람이 성령과 지혜로 충만할 뿐 아니라 그들이 정직한 사람이어야 한다고 말하고 있습니다. 집사들이 종종 사역에서 재정을 담당합니다. 그들은 교회 재정을 취급합니다. 당신은 정직하지 못한 사람이 당신의 재정을 담당하는 것을 원하지 않을 것입니다. 그렇지요? 당신은 정직하고 성령이 충만하여 지혜가 충만한 사람을 원할 것입니다. 성령으로 충만한 사람도 어떤 방면으로는 지혜가 부족할 수 있습니다.

그러므로 교회의 직분을 위하여 사람을 뽑을 때 우리는 이 세 가지 자격을 다 갖춘 사람을 골라야 합니다. 정직한 여자나 남자이어야 하고, 성령 충만하고 지혜가 충만해야 합니다. 그중 하나나 두개만의 자격을 가진 사람은 합당하지 않습니다! 만일 우리가 성경을 따라 활동을 하려면 우리는 이런 모든 자격을 갖춘 그리스도인이 필요합니다.

성경은 3절에서 정직한 것은 알아볼 수 있다고 말하고 있습니다. 만일 정직한 것을 알아볼 수 없다면 제자들이 어떤 사람을 이 자리에 세워야 할지 알지 못했을 것입니다!

당신은 어떤 사람에 대하여 이렇게 말할 수 있을 것입니다. "나는 그 사람을 책임 있는 자리에 놓아야 할지 모르겠습니다. 그 사람은 이 도시에 사는 많은 사람들에게 빚을 지고 있습니다. 그는 그의 빚도 갚지 않고 있습니다. 게다가 그 사람은 신뢰할 수 없습니다." 이런 사람은 정직한 사람이라고 할 수 없습니다. 그렇지 않습니까?

반대로 또 어떤 사람은 모든 면에서 모든 사람에게 좋은 평판이 있을 수 있습니다. 예를 들어서, 당신은 다른 사람에게 그 사람에 대하여 이렇게 말할 수 있을 것입니다. "그의 평판은 모든 면에서 결함이 없습니다. 그는 지역 사회에서 경제적으로나 다른 방면에서도 좋은 평판을 가지고 있습니다. 나는 교회의 어떤 자리도 그를 믿고 맡길 수 있습니다!" 어떤 사람이든 남녀불문하고 좋은 평판이 그들을 따라다닙니다. 그리고 정직하다는 것도 모든 사람들이 알아볼 수 있습니다.

그리고 성령 충만한 것도 다른 사람들이 쉽게 알아볼 수 있는 것이 분명합니다. 그렇지 않다면 어떻게 제자들이 어떤 사람을 뽑아서 일을 시킬지를 알 수 있었겠습니까? 사람들로부터 받은 보고를 통해 당신이 정직한지 아닌지 혹은 성령과 말씀으로 충만한지 아닌지 분명히 알 수 있는 것입니다. 그리고 우리가 이미 본 바와 같이 영적인 건강도 알아볼 수 있습니다.

주제와는 또 다른 이야기지만 사도행전 6장 6절에 처음 집사들로 뽑힌 사람들을 제자들 앞으로 데려온 것을 주목하십시오. "사도들 앞에 세우니 사도들이 기도하고 그들에게 안수하니라." 사람들을 집사로 봉사하게 따로 세울 때 그들에게 손을 얹고 기도하는 것이 중요하다면, 전임 사역자, 혹은 오중사역으로 소명을 받은 사람들에게 손을 얹고 안수하는 것은 얼마나 더 중요한 일이겠습니까?

우리는 성경에서, 사람들을 오중사역을 위하여 따로 세우는 경우를 보겠습니다. 우리들은 이것으로부터 무엇인가 얻을 수 있습니다.

행 13:1-3
1 안디옥 교회에 선지자들과 교사들이 있으니 곧 바나바와 니게르라 하는 시므온과 구레 네 사람 루기오와 분봉왕 헤롯의 젖동생 마나엔과 및 사울이라
2 주를 섬겨 금식할 때에 성령이 이르시되 내가 불러 시키는 일을 위하여 바나바와 사울을 따로 세우라 하시니
3 이에 금식하며 기도하고 두 사람에게 안수하여 보내니라

성경은 그들이 기도했고 그리고 나서 그들에게 손을 얹었다고 하는 것을 주의해 보십시오. "그들은 그들 위에 손을 얹고 그리고 기도하여"라고 말하고 있지 않습니다. 그들이 그들 위에 손을 얹고 안수하여 그들을 내보낸 것입니다. - 터진 웅덩이가 아니라 가득찬 저수지를 말입니다!

기름부음을 잃어버리지 마십시오!

내가 사역을 해 온지 50년이 지났습니다. 그러므로 나는 사역에 관해서는 적어도 신참은 아닙니다. 50년이 넘는 사역기간 동안 우연히 당한 몇 가지 일을 치르며 실수하고 넘어지며 그럴 때마다 그것들을 통해 배울 수 있었으므로, 머리가 아주 좋지 않아도 여러 가지를 배울 수 있었을 것입니다! 그러나 나는 이런 일들을 관찰할 수 있었습니다 : 목사들이나 사역자들이 돈을 버는 데나 사업을 운영하는 데, 혹은 이런 저런 물건을 파는데 신경을 너무 쓴 나머지 설교의

기름부음을 잃어버릴 수 있습니다.

나는 어떤 목사들이 부업으로 두세 개의 사업을 하면서 그것들을 경영하는데 너무 신경을 쓰는 나머지 사역을 위하여 준비하고 공부할 시간이 없는 사람들을 알고 있습니다. 그리고 그들이 일어나 설교를 할 때 그들은 바싹 마른 새둥지만큼이나 기름부음이 없었습니다. 그리고 그들은 왜 그들의 설교가 죽은 것과 같고 그들의 교회가 냉랭한지 이상하게 생각하곤 했습니다!

그들 중 몇 명의 목사들은 설교하는 것과 가르치는데 대단한 능력을 가지고 있었습니다. 그러나 그들은 계속하여 사업상의 문제들로 시간을 빼앗기는 바람에 기름부음을 잃어버렸던 것입니다. 그들은 하나님을 위해 대단한 일을 할 수도 있었는데 이렇게 되었으니 이 얼마나 슬픈 일입니까! 물론 그 목사들은 교회의 사무적인 일들을 돌봐야 할 의무와 책임이 있었습니다. 그러나 내가 여기서 말하는 것은 시간과 정신이 온전히 교회를 경영하는 것에 빼앗겨 버리거나 혹은 자신의 개인 사업에 몰두하여 하나님의 말씀이나 기도에 드려야할 시간을 모두 빼앗긴 사람들을 말하고 있는 것입니다.

만일 집사들이 성령과 지혜가 충만해야 한다면 오중사역으로 소명을 받은 사람들은 더욱 그래야 할 것입니다. 수년 동안 나는 목사들이 그들이 몇 가지 일을 할 때 지혜를 사용하지 않았기 때문에 목회를 중단하게 되는 것을 보아왔습니다. 예를 들어서 나는 400명의 교인들이 있는 교회의 목사님을 기억합니다. 그리고 특별한 모임에는 500명까지 나오는 교회였습니다. 500명이 모인 특별한 예배에서는 앉을 자리가 없을 정도였습니다. 그래서 그 목사님은 사람들이 가장 많이 모일 때를 대비하여 1000명을 수용할 수 있는 건물을 짓기로 결심했습니다.

나는 그에게 말했습니다. "당신이 만일 본당을 지으려면 일부는 나누어 막아서 쓸 수 있도록 짓는 것이 좋겠습니다. 그렇게 하지 않으면 1000석이나 되는 본당에 400명이 앉으면 600석이 비게 될 것입니다. 그러면 그전과 같이 400명이 앉아있어도 실망하여 힘을 잃게 될 것입니다. 당신의 성도들이 실망하고 힘을 잃게 되면 당신은 본당을 채울 수 없게 되고 당신도 실망하여서 교회를 떠나고 싶어질 것입니다."

그 목사님은 내게 말했습니다. "그러나 나는 이 도시의 사람들을 모두 다 예수님께로 몰고 올 것입니다!"

"당신이 이 도시에서 목회를 한지 몇 년이나 되었습니까?"라고 내가 그에게 물었습니다.

"8, 10년쯤 되었지요."

"당신이 이 도시를 8년이나 10년 동안 예수님께 인도하지 못했다면 모두 교회로 인도하는데 몇 년은 족히 걸릴 것이라고 생각해야 할 것입니다. 당신이 165명에서 400명까지 모으는데 8년이 걸렸다면 - 앞으로 8년에서 10년이 걸려야 650명 정도 모으겠지요. 만일 당신이 1000석 본당을 짓는다면 10년 후에도 당신은 아직도 350명이 앉을 수 있는 빈 의자가 있을 것입니다"라고 내가 말했습니다.

"오 그렇지만 우리는 해내고야 말 것입니다! 우리는 18개월 만에 이 도시를 예수님께로 몰고 올 것입니다!"

"나는 불신앙으로 말하는 것이 아닙니다만, 나는 그렇게 되리라고 생각하지 않습니다. 지혜를 좀 사용하십시오. 당신은 그동안 여기 계셨고 당신은 아직도 이 도시를 예수님을 위하여 다 모아 오지 못했습니다. 나를 오해하지는 마세요. 당신은 잘하고 있습니다. 그러나 이 건축 계획에 있어서 좀 지혜를 사용하셔서 당신과 당신의 교인들이 실망하지 않도록 하십시오."

그렇지만 그는 그 1000석의 본당 건물을 지었습니다. 나는 그 큰 강당에서 그 목사님을 위하여 집회를 인도했습니다. 많은 좌석들이 사람들이 들어가지 못하도록 줄로 매어 막혀 있었습니다. 물론 오는 사람들은 앞 쪽으로만 앉았습니다. 그래서 본당에는 사람이 많은 것 같이 보이지를 않았습니다. 그리고 얼마 안 있다가 그는 실망하여 그 교회를 떠나고 말았습니다.

지금 교인들 수보다 많은 좌석이 있는 교회를 짓는 것은 좋은 일입니다. 그러나 교회를 건축할 때 본당의 일부는 문을 닫아서 다른 것으로 사용할 수 있게 준비하는 것이 필요합니다.

그렇게 하면 사람들이 더 많이 오는 특별한 모임을 위하여 사용할 수 있고 그렇지 않을 때는 문을 닫아서 알맞게 사용할 수 있습니다. 그러면 목사와 교인들은 실망하지 않을 것입니다.

나는 많은 목사들이 건축 문제에서 같은 실수를 하는 것을 보았습니다. 나는 그들에게 너무 이상적으로만 생각하지 말라고 권면했습니다. 나는 그들에게 이렇게 충고했습니다. "만일 칸막이를 만들어 달아 둘 수 없다면 당신의 현재 교인들에 비해 너무 큰 강당을 짓시 마십시오. 그렇지 않으면 결국은 그것이 당신의 교회가 성장하는 것을 방해할 것입니다. 왜냐하면 사람들이 텅 비고 허전하여 오지 않을 것이기 때문입니다. 예를 들어서, 보통 수요일 밤에 오는 교인들은 주일날 아침에 오는 사람들보다 훨씬 적습니다. 그래서 수요일에 사람들이 1000석 본당에 앉아서 '모두들 어디로 갔나' 하고 이상하게 느끼게 될 것입니다."

그러나 슬프게도 내가 주의를 주었던 목사들은 18개월에서 2년 사이에 모두 다 사라졌습니다. - 그들은 교회를 떠난 것입니다. 그들은 그 큰 강당을 곧바로 채울 수가 없었기 때문에 실망하여서 교회를 떠났던 것입니다. 그리고 그들의 교인들은 큰 건물과 함께 목사님도 없이 덩그러니 남겨졌습니다!

훠 스퀘어 목사님은 건축 문제에서 지혜를 사용했던 유일한 목사였습니다. 나는 그를 위하여 집회를 했었습니다. 그의 건물은 750석이었지만 주일날 참석하는 교인은 250명 정도였습니다. 그러나 건물이 지어진 방식 덕분에 월요일 밤에 온 사람들은 100명 정도였지만 보기 좋은 상태였습니다. 2층 발코니의 불을 끄면 2층 발코니는 자연적으로 닫혀버리게 되어 있었고, 발코니 밑에는 접는 문들이 있어서 언제든지 닫아놓을 수 있었습니다. 만일 그 목사님이 발코니 밑에 있는 공간들을 사용하려면 그저 문을 열기만 하면 되었던 것입니다. 그는 그 방들을 주일날 성경공부 교실로 사용했습니다. 그리고 만일 필요하다면 언제든지 그 문들을 열어 놓을 수 있었습니다.

우리의 집회는 월요일 밤에 시작되었습니다. 내가 세어보니 모인 사람이 99명이었습니다. 그래도 상당히 많이 온 것 같이 보였습니다. 왜냐하면 발코니 위아래의 문들을 모두 닫아 놓았기 때문입니다. 그러나 그 주가 다 가기 전에 사람들이 많이 와서 발코니 밑의 접는 문들을 다 열어야 했습니다. 그리고 어떤 밤에는 발코니까지 열어 놓아야 했습니다. 그는 그의 계획에서 지혜를 사용했던 것입니다.

사도들이 식탁에서 시중드는 일과 사역의 일을 돌보기 위해서 지혜가 충만한 집사들을 택하려고 했다면 우리 목사들이 지혜가 충만해야 하는 것은 매우 중요한 것임에 분명합니다. 사도행전 6장의 사람들은 그들의 지혜 때문에 선택되었던 것입니다!

나는 당신이 이 성경 구절에서 또 다른 것도 볼 수 있기를 원합니다.

행 6:4, 5
4 우리는 오로지 기도하는 일과 말씀 사역에 힘쓰리라 하니
5 온 무리가 이 말을 기뻐하여 믿음과 성령이 충만한 사람 스데반과 또 빌립과 브로고로와 니가노르와 디몬과 바메나와 유대교에 입교했던 안디옥 사람 니골라를 택하여

제자들은 계속하여 그들의 시간을 기도와 말씀의 사역에 두었습니다. 그들의 삶에 신선한 기름부음과 하나님의 영의 초자연적인 능력을 가지는 것이 매일 일상적인 삶의 일부였다는 것은 이상한 일이 아닙니다!

설교자가 모든 사람이 기뻐할 만한 말을 한 것을 주의해서 보면 그것은 매우 흥미 있는 일입니다. 설교자가 모인 사람들이 기뻐할 수 있는 말을 할 수 있었던 이유는 그들이 성령 충만했기 때문입니다. 그들이 반쯤 충만했던 것이 아닙니다. 그들은 텅 빈 웅덩이가 아니었습니다. 그들은 가득찬 저수지였습니다. 그리고 그들은 모두 한 마음이었습니다! 우리는 이 모인 사람들 중에 많은 제자들이 있었다는 것을 알고 있습니다. 왜냐하면 성경은 "열두 사도가 모든 제자를 불러 이르되…"(행 6:2)라고 말하고 있기 때문입니다.

초대 교회는 당시 적어도 8,120명 정도로 성장했을 것입니다. 왜냐하면 오순절에 120명이 성령의 세례를 받았던 것을 알 수 있고 베드로가 설교할 때(행 2:41) 3000명이 더해졌고, 그리고 성전 미문에서 앉은뱅이가 치유를 받은 후 (행 4:4) 베드로와 요한이 설교할 때 5,000명이 교회에 더

해졌습니다. 그러므로 우리는 초대 교회가 이 때쯤 8,120명 이상으로 성장했을 것이라고 추정할 수 있습니다. 하나님의 말씀이 "주께서 구원 받는 사람을 날마다 더하게 하시니라"(행 2:47)라고 말하고 있으므로 그보다 많은 숫자였을 것입니다.

우리는 또 교회 – 처음 개종한 사람들 – 가 예루살렘을 아직 떠나지 않고 있었던 것을 알고 있습니다. 왜냐하면 초대 교회는 사도행전 8장 1절에 교회가 유대와 사마리아로 뿔뿔이 흩어져가게 될 때까지 예루살렘에서 만나고 있었습니다. 그때까지는 그리스도인들이 아직 예루살렘에 있었습니다.

그래서 많은 사람들이 있었습니다. – 아마 적어도 8,120명은 되었습니다. – 그런데 설교자가 모든 사람들이 기뻐하는 말을 한 것입니다! 우리들은 20명 정도를 놓고도 그 사람들을 다 기쁘게 하지 못합니다! 왜 그런지 아십니까? 왜냐하면 우리가 성령으로 충만하지 못하기 때문입니다! 성령충만함을 받는 경험을 했을 수도 있습니다. 그러나 재충만, 즉 신선한 기름부음을 놓친 것입니다. 만일 당신이 성령이 충만하여 사람들에게 흘러넘치게 한다면 크게 달라질 것입니다!

초대 교인들은 성령으로 열심이었고 하나님을 위하여 갈급함이 있었으므로 제자들이 말한 것이 모든 사람들을 기쁘게 할 수 있었습니다. 만일 사람들이 하나님을 향해 갈급해

하지 않으면 그들은 터지고 빈 웅덩이입니다! 하나님을 향한 갈급함을 언제나 잃어버리지 마십시오. 만일 당신이 하나님을 향하여 갈급하다면 당신은 성령님의 재충만을 여러 번 구하게 될 것입니다.

> 행 6:5, 8
> 5 온 무리가 이 말을 기뻐하여 믿음과 성령이 충만한 사람 스데반과 또 빌립과 브로고로와 니가노르와 디몬과 바메나와 유대교에 입교했던 안디옥 사람 니골라를 택하여
> 8 스데반이 은혜와 권능이 충만하여 큰 기사와 표적을 민간에 행하니

여기에 그 '충만'이라는 말이 또 있습니다! 스데반은 믿음이 충만하고 성령이 충만했습니다. 제자들이 믿음과 성령이 충만한 사람을 택했던 것입니다. 당신이 성령으로 충만하다면 당신은 능력으로 충만한 것입니다. 그러나 만일 당신이 하나님의 능력과 합한 믿음이 없다면 이 세상의 어떤 능력도 소용이 없을 것입니다!

성령 충만! 성령으로 충만했기 때문에 하나님은 스데반을 사용하여 큰 기사와 이적들을 많은 사람 가운데 베푸실 수 있었습니다. 너무나 많은 목사들이 다른 것으로 충만합니다. 성령으로 충만하십시오! 말씀으로 충만하십시오. 그러면 당신은 하나님의 말씀만 말하게 될 것입니다.

당신은 무엇으로 충만합니까?

나는 어떤 목사님을 위하여 부흥 집회를 한 적이 있습니다. 나는 거기서 4주간이나 보냈습니다. 나는 점심 식사를 거의 매일 그 목사님과 함께 먹었고 어떤 때는 예배 후에 같이 나가서 먹은 적도 있습니다. 그래서 나는 이 목사님과 하루에 적어도 두 번씩 어떤 날은 세 번씩 28일에 걸쳐 함께 식사했습니다.

우리가 같이 먹을 때마다 그는 나에게 적어도 세 가지의 새로운 농담을 했습니다. 그는 했던 것을 다시 반복하는 법이 없었습니다. 만일 내가 그와 두 끼를 같이 먹었으면 그는 나에게 하루에 6개의 농담을 한 것이 됩니다. 만일 나와 세 끼를 같이 먹었으면 그날은 9개의 농담을 한 것이 됩니다. 그렇게 많은 농담을 한 것 중에서 내가 기억할 수 있는 것이라고는 단 하나밖에 없습니다! 매일 6개의 농담을 28일로 곱하면 그 목사님이 내가 거기서 집회를 하고 있는 동안에 내게 한 농담은 150개 이상이 되는 셈이 됩니다.

나의 집회를 인도할 때, 나는 성경 구절을 거의 보지 않고 인용합니다. 우리가 식사를 하러 나갔을 때 한번은 이 목사님이 나에게 이렇게 말했습니다. "나도 당신처럼 성경 구절을 외울 수 있었으면 좋겠습니다." 드디어 내가 그에게 이렇게 말했습니다. "만일 당신이 농담을 먹는 것 같이 말씀을 먹는다면 당신은 성경 구절을 잘 기억할 수 있을 것입니다.

나는 농담에 흥미가 없기 때문에 농담을 그렇게 기억할 수 없습니다. 그것이 내가 농담을 기억할 수 없는 이유입니다. – 나는 그것에 흥미가 없다는 말입니다. 그러나 나는 말씀에는 흥미가 있습니다!" 당신은 어떤지 잘 모르겠지만 나는 말씀으로 계속하여 충만하기를 원합니다!

당신은 무엇으로 충만하십니까? 성경은 우리들에게 농담으로 충만하라거나 중요하지 않은 일이나 사소한 일들로 충만하라고 하지 않습니다. 성경은 말씀으로 충만하라고 말하고 있습니다! 당신이 말씀으로 충만하면 당신은 말씀만 말하게 될 것입니다.

말 3:16
그 때에 여호와를 경외하는 자들이 피차에 말하매 여호와께서 그것을 분명히 들으시고 여호와를 경외하는 자와 그 이름을 존중히 여기는 자를 위하여 여호와 앞에 있는 기념책에 기록하셨느니라

우리는 '주를 경외하는' 이라는 표현을 구약 전체에 걸쳐 많이 볼 수 있습니다. 그것은 당신이 태풍이나 독사를 무서워하는 것과 같이 하나님을 무서워한다는 말이 아닙니다. 그 말은 거룩한 생각이나 주님을 존경하는 경외심과 같은 것을 의미합니다! 우리는 주님을 존경해야 하며 하나님을 향해 거룩한 경외심을 가져야 합니다. 만일 교회가 하나님의 영에 의한 초자연적인 역사를 원한다면, 우리는 하나님이나 하나님의 일들에 대하여 갖는 거룩한 존경심을 회복해야 합니다.

만일 주님이 하나님을 경외하던 구약 시대의 성도들의 기도를 듣고 응답하셨다면 오늘날 우리들의 기도도 주님이 듣고 계신지 의심스럽습니다. 혹시 당신 생각에는 하나님이 너무 늙으셔서 귀가 어두워졌다고 생각하는지요! 그렇다면 우리가 헌금을 걷어서 하나님을 위하여 보청기를 사드려야 하겠지요! 그러나 아닙니다. 하나님께 감사드립니다. 하나님의 귀는 조금도 문제가 없습니다. 그의 귀는 언제나 똑같이 양호하십니다!

말 3:16
그 때에 여호와를 경외하는 자들이 피차에 말하매 여호와께서 그것을 분명히 들으시고 여호와를 경외하는 자와 그 이름을 존중히 여기는 자를 위하여 여호와 앞에 있는 기념책에 기록하셨느니라

성경은 여호와를 경외하는 자들이 피차에 말하매 주님이 분명히 들으셨다고 말합니다. '들었다'는 말은 '잘 듣다' '주의를 기울이다' 혹은 '주의를 주다'라는 뜻입니다. 주님은 그들이 말하는 것에 주의를 기울이시고 그들이 말하는 것을 들으셨습니다. 그들이 서로 피차 우스개 소리를 했겠습니까? 그런 것이 주님이 잘 들으시고 주의를 기울이게 할 만한 것일까요? 아닙니다. 그들은 우스개 소리로 충만했던 것이 아니라 말씀으로 충만했습니다! 그들은 텅 빈 웅덩이가 아니라 가득찬 저수지였습니다. 그들에게는 하나님의 이름을 존경하는 경외심이 있었습니다!

말 3:17
만군의 여호와가 이르노라 나는 내가 정한 날에 그들을 나의 특별한 소유(When I made up my jewels)로 삼을 것이요 또 사람이 자기를 섬기는 아들을 아낌 같이 내가 그들을 아끼리니

하나님께 영광 돌립니다! 당신은 이것에 대하여 한번 생각해본 적이 있습니까? 우리는 주님의 보물입니다! 킹 제임스 성경 여백의 관주에는 '보석' 이라는 말에 '특별한 보물' 이라고 했습니다. 우리는 주님의 특별한 보물입니다!

성경은 하나님과 그의 이름을 경외하는 사람을 가리켜 그분의 특별한 보물이라고 말하고 있습니다. 하나님의 특별한 보물로써 우리는 말씀으로 충만하고 성령으로 충만해집시다. 우리가 텅 빈 웅덩이가 아니라 가득찬 저수지가 되어서 주님의 이름에 합당한 영예와 영광을 드립시다. 우리의 계획으로 충만하지 말고, 우리의 방법으로 충만하지 말고, 하나님의 말씀과 성령으로 충만해집시다!

주 예수 그리스도의 교회로서 우리는 하나님이 우리에게 가득찬 저수지가 될 수 있도록 마련하신 것을 사용할 필요가 있습니다! 우리에게 기름부음이 없이는 그렇게 될 수 없습니다! 우리가 가득찬 저수지가 되려면 우리 한 사람 한 사람이 모두 신선한 기름부음을 받아야 합니다. 이것이 우리를 위한 하나님의 뜻입니다. 우리가 하나님께서 보이신 신약의 모형대로 계속 성령 충만함을 받는 것을 따른다면 신선한 기름부음이 우리 안에 거할 것이고 우리는 하나님의 영광을 위하여

가득찬 저수지가 될 수 있습니다. 하나님의 임재와 말씀에 거하십시오. 그러면 시편 기자와 같이 말할 수 있습니다. "나는 신선한 기름으로 부음을 받으리로다!"

믿음의 말씀사 출판물

믿음의말씀사에서 발행되는 모든 도서는 본사에서 직영판매하며,
본사 대표전화 또는 홈페이지를 통해서 구입이 가능합니다.
구입문의 : 031-8005-5483 / 5493 http://faithbook.kr

케네스 해긴의 「믿음 도서관」 책들 케네스 해긴 지음·김진호 옮김

- 믿는 자의 권세 (생애기념판) | 양장본 신국판 264p / 값 13,000원
- 당신이 알아야 하는 신유에 관한 일곱 가지 원리 | 국판 112p / 값 5,000원
- 기도의 기술 | 국판 208p / 값 7,000원
- 인간의 세 가지 본성 (증보판) | 국판 128p / 값 5,500원
- 어떻게 하나님의 영으로 인도받을 수 있는가? (생애기념판) | 국판 272p / 값 10,000원
- 믿음의 계단 | 국판 240p / 값 8,500원
- 마이더스 터치 | 국판 272p / 값 10,000원
- 당신을 향한 하나님의 계획 | 국판 256p / 값 8,500원
- 하나님 가족의 특권 | 국판 176p / 값 6,500원
- 나는 환상을 믿습니다 | 국판 208p / 값 7,000원
- 하나님의 계획과 목적과 추구 | 국판 224p / 값 8,000원
- 역사하는 기도 | 국판 256p / 값 9,000원
- 병을 고치는 하나님의 말씀 | 국판 184p / 값 7,000원
- 영적 성장 | 국판 192p / 값 7,000원
- 치유의 기름부음 | 국판 336p / 값 10,000원
- 크게 성장하는 믿음 | 국판 160p / 값 6,000원
- 신선한 기름부음 | 국판 176p / 값 7,000원
- 예수 열린 문 | 국판 216p / 값 8,000원
- 믿음이란 무엇인가 | 국판 64p / 값 2,500원
- 진짜 믿음 | 국판 56p / 값 2,000원
- 기름부음의 이해 | 국판 256p / 값 9,000원
- 그리스도께서 지금 하고 계시는 일 | 국판 64p / 값 2,500원
- 승리하는 교회 | 신국판 496p / 값 15,000원
- 믿음의 양식 | 국판 384p / 값 13,000원
- 조에 | 국판 96p / 값 4,000원
- 그리스도의 선물 | 신국판 368p / 값 12,000원
- 믿음이 흔들리고 패배한 것 같을 때 승리를 얻는 법 | 신국판 160p / 값 7,000원
- 충분하고도 넘치는 하나님 엘 샤다이 | 국판 64p / 값 2,500원
- 하나님의 말씀 : 모든 것을 고치는 치료제 | 국판 72p / 값 3,000원
- 믿음의 선한 싸움을 싸우는 법 | 국판 200p / 값 7,000원
- 내주하시는 성령 임하시는 성령 | 국판 256p / 값 9,000원

- 방언 | 신국판 384p / 값 12,000원
- 재정적인 번영에 대한 성경적 열쇠들 | 국판 240p / 값 9,000원
- 금식에 관한 상식 | 국판 64p / 값 2,500원
- 가족을 섬기는 법 | 국판 72p / 값 3,000원
- 여성에 관한 질문들 | 국판 112p / 값 5,000원
- 몸의 치유와 속죄 | T.J.맥크로산 지음 · 로이 힉스, 케네스 해긴 개정 / 국판 168p / 값 6,000원
- 그리스도 안에서 | 문고판 48p / 값 1,000원
- 새로운 탄생 | 문고판 48p / 값 1,000원
- 방언기도의 능력을 풀어 놓으라 | 문고판 64p / 값 1,200원
- 재정 분야의 순종 | 문고판 48p / 값 1,000원
- 말 | 문고판 64p / 값 1,200원
- 나는 지옥에 갔다 왔습니다 | 문고판 48p / 값 1,000원
- 하나님의 처방약 | 문고판 64p / 값 1,200원
- 더 좋은 언약 | 문고판 48p / 값 1,000원
- 옳은 사고방식 틀린 사고방식 | 문고판 80p / 값 2,000원
- 속량 - 가난, 질병, 영적 죽음에서 값 주고 되사다 | 문고판 64p / 값 1,200원
- 예수의 보배로운 피 | 문고판 48p / 값 1,000원
- 하나님을 탓하지 마십시오 | 문고판 48p / 값 1,000원
- 네 주장을 변론하라 | 문고판 48p / 값 1,000원
- 셀 모임에서 성령인도 받기 | 문고판 48p / 값 1,000원
- 네 염려를 주께 맡겨라 | 문고판 80p / 값 2,000원
- 성령을 받는 성경적인 방법 | 문고판 64p / 값 1,200원
- 안수 | 문고판 48p / 값 1,000원
- 치유를 유지하는 법 | 문고판 48p / 값 1,000원
- 사랑은 결코 실패하지 않습니다 | 문고판 48p / 값 1,000원
- 예언을 분별하는 일곱 단계 | 문고판 80p / 값 2,000원
- 절망적인 상황을 반전시키기 | 문고판 80p / 값 2,000원
- 당신의 믿음을 풀어 놓는 법 | 문고판 80p / 값 2,000원
- 하나님의 영광 | 문고판 64p / 값 1,200원
- 하나님께서 내게 가르쳐 주신 형통의 계시 | 문고판 48p / 값 1,000원
- 왜 능력 아래 쓰러지는가? | 문고판 48p / 값 1,000원

기타 「믿음의 말씀」 설교자의 책들

- 성령의 삶 능력의 삶 | 데이브 로버슨 지음 · 김진호 옮김 / 신국판 480p / 값 13,000원
- 왕과 제사장 | 김진호 지음 / 국판 136p / 값 6,500원
- 새로운 피조물의 실재 | 김진호 지음 / 국판 256p / 값 9,000원
- 믿음의 반석 | 최순애 지음 / 국판 352p / 값 12,000원
- 새 언약의 기도 | 최순애 지음 / 신국판 192p / 값 8,000원

- 성령 인도 | 최순애 지음 / 국판 160p / 값 7,000원
- 복음의 신조 | 최순애 지음 / 국판 208p / 값 8,000원
- 존중하는 삶 | 최순애 지음 / 국판 208p / 값 8,000원
- 승리하는 믿음 | 스미스 위글스워스 지음 · 김진호 옮김 / 46판 112p / 값 4,000원
- 스미스 위글스워스의 천국 | 스미스 위글스워스 지음 · 박미가 옮김 / 신국판 320p / 값 11,000원
- 스미스 위글스워스의 매일묵상 | 스미스 위글스워스 지음 · 박미가 옮김 / 신국판 600p / 값 20,000원
- 위글스워스는 이렇게 했다 | 피터 J. 매든 지음 · 박미가 옮김 / 국판 272p / 값 9,000원
- 스미스 위글스워스의 능력의 비밀 | 피터 J. 매든 지음 · 박미가 옮김 / 국판 200p / 값 7,000원
- 행동하는 신자들 | T. L. 오스본 지음 · 김진호 옮김 / 46판 112p / 값 4,000원
- 기적 - 하나님 사랑의 증거 | T.L. 오스본 지음 · 김진호 옮김 / 46판 144p / 값 4,500원
- 새롭게 시작하는 기적 인생 | T.L. 오스본 / 라도나 오스본 지음 · 박미가 옮김 / 46판 288p / 값 8,000원
- 좋은 인생 | T. L. 오스본 지음 · 박미가 옮김 / 신국판 416p / 값 13,000원
- 성경적인 치유 | T.L. 오스본 지음 · 김진호 옮김 / 국판 272p / 값 10,000원
- 능력으로 역사하는 메시지 | T. L. 오스본 지음 · 김주성 옮김 / 신국판 368p / 값 12,000원
- 100개의 신유 진리 | T.L. 오스본 지음 · 김진호 옮김 / 문고판 48p / 값 1,000원
- 하나님의 큰 그림 | 라도나 C. 오스본 지음 · 문지숙 옮김 / 46판 160p / 값 5,500원
- 믿음의 말씀 고백 기도집 | 잔 오스틴 지음 · 김진호 옮김 / 46판 160p
- 하나님의 사랑의 흐름 | 잔 오스틴 지음 · 김진호 옮김 / 46판 48p
- 견고한 진 무너뜨리기 | 잔 오스틴 지음 · 김진호 옮김 / 46판 48p
- 초자연적인 흐름을 따르는 법 | 잔 오스틴 지음 · 김진호 옮김 / 46판 96p
- 당신의 운명을 바꿀 수 있습니다 | 잔 오스틴 지음 · 김진호 옮김 / 46판 96p
- 어떻게 하나님의 능력을 풀어놓을 수 있는가? | 잔 오스틴 지음 · 김진호 옮김 / 46판 96p
- 복을 취하는 법 | R.R.쏘아레스 지음 · 김진호 옮김 / 국판 128p / 값 5,500원
- 주는 자에게 복이 되는 선물 | R.R.쏘아레스 지음 · 김병수 옮김 / 국판 160p / 값 6,000원
- 믿음으로 사는 삶 | 코넬리아 나줌 지음 · 신현호 옮김 · 김진호 추천 / 46판 176p / 값 6,000원
- 그리스도 안에 있는 나를 인정하기 | 마크 행킨스 지음 · 김진호 옮김 / 문고판 48p / 값 1,000원
- 여기서 머물지 말라 | 크리스 오야킬로메 지음 · 김진호 옮김 / 46판 72p / 값 2,500원
- 방언기도학교 31일 | 크리스/애네타 오야킬로메 지음 · 이종훈/김인자 옮김 / 46판 80p / 값 2,500원
- 이제 당신이 거듭났으니 | 크리스 오야킬로메 지음 · 김진호 옮김 / 문고판 64p / 값 1,500원
- 당신의 인생을 재창조하라 | 크리스 오야킬로메 지음 · Paula Kim 옮김 / 국판 48p / 값 2,000원
- 이 마차에 함께 타라 | 크리스 오야킬로메 지음 · Paula Kim 옮김 / 국판 128p / 값 5,000원
- 그리스도 안에 있는 당신의 권리 | 크리스 오야킬로메 지음 · Paula Kim 옮김 / 국판 64p / 값 2,500원
- 당신의 치유를 유지하기 | 크리스 오야킬로메 지음 · Paula Kim 옮김 / 문고판 24p / 값 500원
- 성령님과 당신 | 크리스 오야킬로메 지음 · Paula Kim 옮김 / 국판 64p / 값 2,500원
- 방언의 능력 | 크리스 오야킬로메 지음 · Paula Kim 옮김 / 문고판 48p / 값 1,000원
- 성령님이 당신 안에서 행하실 일곱 가지 | 크리스 오야킬로메 지음 · Paula Kim 옮김 / 국판 80p / 값 3,500원
- 성령님이 당신을 위해 행하실 일곱 가지 | 크리스 오야킬로메 지음 · Paula Kim 옮김 / 국판 72p / 값 3,000원
- 기적을 받고 유지하는 법 | 크리스 오야킬로메 지음 · Paula Kim 옮김 / 국판 64p / 값 2,500원
- 하나님께서 당신을 방문하실 때 | 크리스 오야킬로메 지음 · Paula Kim 옮김 / 국판 80p / 값 3,500원

- 올바른 방식으로 기도하기 | 크리스 오야킬로메 지음 · Paula Kim 옮김 / 국판 64p / 값 2,500원
- 당신의 믿음을 역사하게 하는 법 | 크리스 오야킬로메 지음 · Paula Kim 옮김 / 국판 112p / 값 5,000원
- 끝없이 샘솟는 기쁨 | 크리스 오야킬로메 지음 · Paula Kim 옮김 / 국판 32p / 값 1,500원
- 기름과 겉옷 | 크리스 오야킬로메 지음 · Paula Kim 옮김 / 국판 96p / 값 4,000원
- 약속의 땅 | 크리스 오야킬로메 지음 · Paula Kim 옮김 / 국판 224p / 값 8,000원
- 하나님의 일곱 영 | 크리스 오야킬로메 지음 · Paula Kim 옮김 / 국판 112p / 값 5,000원
- 예언 | 크리스 오야킬로메 지음 · Paula Kim 옮김 / 국판 88p / 값 4,000원
- 시온의 문 | 크리스 오야킬로메 지음 · Paula Kim 옮김 / 국판 96p / 값 4,000원
- 붉은 줄의 기적 | 리차드 부커 지음 · 황성하 옮김 / 국판 288p / 값 10,000원
- 당신은 이미 가졌습니다 | 앤드류 워맥 지음 · 두영규 옮김 / 국판 320p / 값 11,000원
- 당신이 말한 대로 얻게 됩니다 | 돈 고셋 지음 · 전진주 옮김 / 국판 288p / 값 10,000원
- 예수 - 치유의 길 건강의 능력 | 윌포드 H. 리트 지음 · 김진호 옮김 / 국판 304p / 값 11,000원
- 믿음과 고백 | 찰스 캡스 지음 · 신현호 옮김 / 신국판 384p / 값 12,000원
- 십자가에서 보좌까지 무슨 일이 일어났는가? | E. W. 케년 지음 · 서승훈 옮김 / 신국판 368p / 값 12,000원

크라이스트 앰버시 교회
Christ Embassy

우리는 이 복음을 전파하여(Word)
말씀이 실재가 되는 교회를 세운다(Spirit)!

목회자 컨퍼런스	말씀과 성령을 통한 사역의 발전을 위해 모이는 목회자 모임
국제기독학교	New Creation International School, 미국 중고등학교 과정 홈스쿨링
예수선교사관학교	새로운 피조물의 계시를 바탕으로, 복음과 성령의 능력으로 구비된 하나님 군대의 장교를 배출하는 사역자 훈련학교 홈페이지 : www.ejma.co.kr 전화 : 031)8005-8482
믿음의 말씀사	케네스 해긴, E.W. 케년, 크리스 오야킬로메 등 믿음의 말씀 계열 고전 및 대표 서적을 번역 · 출간하는 전문 출판사 홈페이지 : http://faithbook.kr 전화 : 031)8005-5483/5493

Christ Embassy Yongin

경기도 용인시 기흥구 구성로 50
www.christembassy-yongin.org
Tel : 031)8005-8894~6, 7(F)